道路高性能环保建设养护材料与海水海砂路面综合技术

邹爱华 刘涛 李俊 肖鑫 ◎ 著

西南交通大学出版社

·成 都·

图书在版编目（CIP）数据

道路高性能环保建设养护材料与海水海砂路面综合技术 / 邹爱华等著. —成都：西南交通大学出版社，2022.12

ISBN 978-7-5643-9103-4

Ⅰ. ①道… Ⅱ. ①邹… Ⅲ. ①公路养护②海水 – 砂 – 沥青路面 – 路面材料 Ⅳ. ①U418②U416.217

中国版本图书馆 CIP 数据核字（2022）第 251134 号

Daolu Gaoxingneng Huanbao Jianshe Yanghu Cailiao yu Haishui Haisha Lumian Zonghe Jishu

道路高性能环保建设养护材料与海水海砂路面综合技术

邹爱华　刘涛　李俊　肖鑫　著

责任编辑	杨　勇
封面设计	GT 工作室
出版发行	西南交通大学出版社 （四川省成都市金牛区二环路北一段 111 号 西南交通大学创新大厦 21 楼）
发行部电话	028-87600564　028-87600533
邮政编码	610031
网址	http://www.xnjdcbs.com
印刷	成都市新都华兴印务有限公司
成品尺寸	170 mm×230 mm
印张	11.5
字数	199 千
版次	2022 年 12 月第 1 版
印次	2022 年 12 月第 1 次
书号	ISBN 978-7-5643-9103-4
定价	66.00 元

图书如有印装质量问题　本社负责退换
版权所有　盗版必究　举报电话：028-87600562

《道路高性能环保建设养护材料与海水海砂路面综合技术》编委会

主 任 委 员： 邹爱华　刘　涛　李　俊　肖　鑫

副主任委员： 江　建　何云武　郑志刚　刘　君

李少鹏　杨　娥　石立万

委　　　员： 周　羽　蒋双江　白　帆　周泽汉

于渊卓　李若华　韩江波

前 言

近年来我国城市化进程加快，交通量的显著增长，对我国的交通基础设施的建设与运维提出了严峻考验。道路工程往往处于恶劣的环境中，且制约因素多、受力条件复杂。传统的基质沥青与素混凝土等筑路材料逐渐显现出不足，表现出车辙、开裂、剥落等多种类型的病害。本书作者积极响应国家"粤港澳大湾区"发展战略，长期在近海区域从事交通基础设施建设，更是目睹了海水海砂中大量氯盐等侵蚀性物质对道路基础设施的损坏影响。采用高强、轻质和耐腐蚀的纤维增强复合材料筋（FRP）合理代替钢筋，能避免钢筋锈蚀问题。但对粤港澳大湾区滨海设施来说，服役期间易遭受高温高湿高盐和高紫外线及持续与循环荷载等各种损伤因子作用，对海水海砂纤维筋混凝土构件性能构成严重的挑战。目前对 FRP 及其增强加固结构在真实环境下多重因素耦合导致的力学性能演化规律及内在机理缺乏系统研究，也少有针对混凝土因海水海砂而引入的多种离子长期影响水泥胶凝材料结构及耐久性的深入研究。本书拟对海水海砂混凝土材料耐久性能进行研究，总结适用于滨海地区的海水海砂路面技术。

另外一方面，一旦公路设施建成投入使用，路面质量是一直在下降的。在公路建成使用的最初几年，路面平均质量处于较高的水平，随着交通荷载以及环境的不断作用，路面出现一些轻微病害，此时如果不对路面进行养护，路面病害会加速发生，以至于到服役后期病害发展会非常严重，维修起来非常棘手。而如果在路面出现轻微病害的时候，对路面采取养护措施，那么路面病害发展会被有效遏制，路面服务水平会恢复到原有状态。预防性养护正是基于上述养护理念而发展出的一种养护手段，即在不改变原路面结构基础的情况下，对路面进行有计划的养护维修，从而可以快速有效地缓解路面病害，提升路面平整度，恢复路表功能，提升行车安全性，是公路管理者优选的一种养护手段。本书将对典型的几种道路养护技术进行介绍，并针对薄层罩面技术进行着重研究，提出高性能罩面技术材料与对应的技术评价和验收体系。

本书由深圳市粤通建设工程有限公司和佛山科学技术学院的学者撰写。邹爱华完成第1至第4章高性能养护技术材料研发与级配设计，刘涛完成第5章至第6章层间黏结模型分析与黏层材料效果评价，肖鑫完成第7章技术质量评价方法与验收体系，李俊完成第8章纤维复材筋海水海砂路面研究。

本书的出版得到了广东省重点领域研发计划项目"长寿命智能纤维筋海水海砂混凝土海工构件关键技术"大力支持，在此表示深深的感谢！希望本书能为相关从业人员提供一定的启示和帮助，感谢本书的编辑、校对等为本书所做出的工作。同时书中的疏漏和不足之处敬请同行和读者批评指正。

著 者

2022年10月

目 录

第 1 章 背景概述 ·· 001
    1.1 公路工程养护方式 ··· 002
    1.2 薄层技术的发展 ··· 018

第 2 章 高黏沥青的研发与性能评价 ····························· 026
    2.1 高黏 SBS 改性沥青添加温拌剂性能研究 ······················ 026
    2.2 多能效沥青添加剂的使用性能研究 ·························· 034
    2.3 多能效沥青添加剂对混合料性能的改善效果研究 ·············· 043
    2.4 多能效沥青添加剂的干法拌和效果研究 ······················ 049

第 3 章 高黏沥青的流变和老化性能研究 ························· 052
    3.1 沥青胶结料老化试验 ······································· 052
    3.2 沥青胶结料试验方法 ······································· 053
    3.3 结果与讨论 ··· 058

第 4 章 超薄罩面混合料级配设计与混合料性能研究 ··············· 080
    4.1 混合料设计方案 ··· 080
    4.2 不同级配超薄罩面混合料体积指标研究 ······················ 082
    4.3 不同级配超薄罩面混合料路用性能研究 ······················ 088
    4.4 不同级配超薄罩面混合料抗松散与抗水损性能研究 ············ 097
    4.5 不同级配超薄罩面混合料在水热综合作用下抗车辙变形研究 ···· 102
    4.6 不同级配超薄罩面混合料抗裂性能研究 ······················ 105

第5章 高性能超薄罩面层间黏结黏层油的研发与黏结方案优选 …… 113

5.1 黏层油的开发 … 113
5.2 黏层油黏结效果和自愈合效果评价 … 115
5.3 多次破坏自愈合效果评价 … 120
5.4 混合料黏结性能验证 … 121

第6章 高性能超薄罩面层间黏结强度理论计算分析 … 125

6.1 计算参数 … 125
6.2 薄层内弯拉应力 … 126
6.3 薄层内剪切应力 … 128

第7章 高性能超薄罩面技术质量评价方法与验收体系的提出和验证 … 130

7.1 技术特点与养护时机 … 130
7.2 施工质量控制要点 … 136
7.3 质量评价方法与验收体系的提出和验证 … 141

第8章 纤维复材筋海水海砂路面研究 … 144

8.1 纤维复材筋可行性分析 … 144
8.2 海水海砂对混凝土性能的影响 … 150
8.3 环境对海水海砂混凝土内纤维复材筋性能的影响 … 157
8.4 海水海砂混凝土施工技术 … 160

参考文献 … 168

第 1 章

背景概述

我国经济的快速发展为交通基础设施建设提供了广阔的发展平台,其中公路作为基础设施的主体结构得到了快速发展。随着大量的高速公路的建成使用,在车辆荷载以及环境的综合作用下,高速公路路面出现不同程度的问题,比如车辙、开裂、松散以及抗滑不足等[1](如图1.1)。不仅严重影响了高速公路的服务质量,也给行车安全造成了一定的隐患。因此对高速公路路面及时进行养护是公路管理工作的重中之重。

图 1.1 公路路面开裂病害

传统的公路养护是在路面病害发展到一定程度,严重影响道路交通时,才对路面进行一系列的养护维修手段。而实际上,一旦公路建成投入使用,路面质量是一直在下降的。研究表明[2],在公路建成使用的最初几年,路面平均质量处于较高的水平,随着交通荷载以及环境的不断作用,路面出现一些轻微病害,此时如果不对路面进行养护,路面病害会加速发生,以至于到服役后期病害发展会非常严重，维修起来非常棘手。而如果在路面出现轻微病害的时候，对路面采取养护措施，那么路面病害发展会被有效遏制，路面服务水平会恢复到原有状态[3]。预防性养护正是基于上述养护理念而发展出的一种养护手段，即在不改变原路面结构基础的情况下，对路面进行有计划的养护维修，从而可以快速有效地缓解路面病害，提升路面平整度，恢复路表功能，提升行车安全性，是公路管理者优选的一种养护手段[4]。

相较于传统的被动养护手段，公路的预防性养护具有以下几个技术优势：

（1）养护成本低。预防性养护是路面还没有发生大面积破坏的前提下进行养护，此时路面结构功能基本保持，养护的主要目的也集中在恢复路表功能，改善路面平整度等方面，可以理解为一种功能性的修复，从而延长道路使用寿命。在不涉及道路结构修复的前提下对道路进行养护相对来说成本将会大大降低。

（2）养护时效快。传统的养护一般是在路面结构发生破坏时进行，如要达到良好的维修效果，一般选择将原路面面层结构重新铣刨，铣刨深度至少 4 cm，而后再加铺新的沥青层，这样做虽然可以比较彻底地改善道路使用环境，然而所需要消耗的时间也比较长，对原路面交通的影响也比较大。相比之下预防性养护一般不需要对原路面进行铣刨处理，而直接进行养护，这样大大提高了养护工作的效率，也降低了对原路面交通的影响。

（3）养护效果好。对于薄层罩面、微表处等加铺型的养护技术手段，由于是在原路面基础上直接加铺一层热拌沥青混合料或乳化沥青混合料，因而加铺后路面效果如同新建道路，原路面样貌完全改善，较传统的坑洞修补、灌缝等养护效果有很大的提升。

（4）养护适用性广。对于超薄沥青罩面类预养护技术，不仅可以应用于沥青路面的，用于改善路面平整度、修复车辙以及提高抗滑等特性，而且更加适用于水泥桥面、隧道的预防性养护，目前针对路面的养护改造手段，除却水泥板破碎重铺基本上没有良好的解决方案，由于加铺超薄沥青罩面层厚度较薄，用于水泥桥面加铺能大大减少增加的桥梁荷载，用于水泥隧道对隧道净空基本没有影响，超薄沥青罩面预养护技术基本适用于所有情况下的道路工程预养护维修。

1.1　公路工程养护方式

美国作为高度发达国家的典型，从 20 世纪 50 年代开始，用 40 年左右的时间，投资了 1 290 亿美元修建了 8.8 万千米号称"历史上最伟大的公共建设工程"

的高速公路[5]。这一巨大的工程为美国社会经济的繁荣发展做出了重要的贡献。中国作为发展中国家的典型，于 1990 至 2007 年间投资了 9 000 亿元人民币建成了"五纵七横"国道主干线，这一主干线大力支撑了我国的社会进步，改善了公共服务，为我国的国民经济社会发展发挥了不可估量的积极作用。

然而在高速公路发挥着积极有效作用的同时，人们也不可避免地发现，随着路龄的增加、交通量的增长，高速公路的许多服务功能正在逐渐退化，而由于缺少足够的养护维修资金，使得人们想保持高速公路当前服务水平不变的愿望也变成了一种奢求。根据加拿大政府预测，加拿大[7]用于维护公共基础设施的资金短缺将达到 570 亿美元。1997 年美国国会的报告指出[8]：当年，美国有 48.7%的州际公路和 60%的城市快速路的路面状况处于"及格"到"差"的水平。然而即使是维持当时的路面状况保持不变，所需的养护资金也远远超出了实际投入使用的资金。

各级公路管理部门认识到，实际投入的养护维修费用和所需的养护维修费用相比，往往是杯水车薪；有限的养护资金和逐渐退化的公路服务水平之间存在着巨大的矛盾。如何有效地解决这种矛盾，如何利用有限的资金创造最大的养护效益，逐渐成为公路管理部门亟需解决的问题。

路面预防性养护技术在解决此问题上显示了卓越的优越性。美国 AASHTO 道路常委会于 1999 年将路面预防性养护技术定义为[8]：路面预防性养护是一种在路面状况良好的情况下，采取的对现有道路系统进行有计划的、基于费用-效益的养护策略。预防性养护在没有提高路面结构能力的情况下，延迟路面的损坏，维持或改善路面现有的通车条件，通过延长原有路面的使用寿命来推迟昂贵的大修和重建活动。

预防性养护的概念在机械设备的维修养护方面已有了广泛的应用[10]。沥青路面预防性养护技术的发展与沥青和沥青混凝土技术的发展历程，以及与高速公路网的建设历程密切相关。纵观发达国家的路面预防性养护技术发展史，它大致可分为 3 个阶段。第一阶段为 20 世纪 20 年代至 80 年代初，第二阶段为 20 世纪 80 年代初至 90 年代末，第三阶段为 20 世纪 90 年代末年至现在。

第一阶段中，随着沥青和沥青混合料技术的发展，大量的预防性养护措施被研发出来。例如 20 世纪 20 年代于德国出现的稀浆封层技术，20 世纪 50 年代于南非出现的碎石封层技术[11]，20 世纪 60 年代和 70 年代于德国出现的 SMA 技术和微表处技术[12]，以及 20 世纪 80 年代初于法国出现的薄层罩面技术[13]。虽然在此阶段并没有出现路面预防性养护的概念，但上述的预防性养护措施却逐渐走向成熟并被大量应用到实体的养护工程中。

第二阶段中,大量关于预防性养护措施使用性能的研究项目得到了开展。随着路面管理系统技术的发展,人们需要更深入地理解路面养护工作的内涵。20世纪70年代后期,加拿大安大略州开展了路面管理系统研究项目[14],1980年Blum和Phang[15]结合此项目正式提出了路面预防性养护的概念。这是最早的关于路面预防性养护概念的报导。为更深入地了解预防性养护措施的使用性能,1987年SHRP计划开展了代号为SPS-3的柔性路面预防性养护技术试验路研究项目,用以考察碎石封层、稀浆封层、封缝和薄层罩面措施的短期及长期应用效果。进入20世纪90年代,为应对越来越沉重的养护压力,美国的亚利桑那、加利福尼亚、乔治亚、密歇根、蒙大纳和宾夕法尼亚等州也开展了大量针对性较强的关于路面预防性养护措施应用技术的研究项目。随着美国国会1991年、1995年和1997年三个法案的签署,预防性养护技术在路面养护工作中的重要地位得以最终确定[16]。

第三阶段中,系统性、可量化的预防性养护技术决策理论得到了深入的研究。20世纪90年代末,随着大量预防性养护措施的应用,公路管理部门迫切需要可量化的方法制定预防性养护策略。2001年路面保护基金会将预防性养护技术的内涵定义为:将最合适的措施,在最合适的时间,应用到最合适的位置上。此后,关于预防性养护策略理论的研究大多围绕这三个"最合适"开展。2001年Gilbert Y. Baladi等[17]对亚利桑那、蒙大纳和宾夕法尼亚三州的预防性养护技术应用情况进行了总结,认为花1美元用于路面预防性养护,将会节省4~10美元用于路面大修。2003年S. Labi等探讨了预防性养护技术的短期和长期效益理论分析方法。2004年D.G. Peshkin等[18]研究了养护措施的最佳应用时机判断方法。2006年亚利桑那州开发了融入预防性养护技术模块的第二代路面管理系统。这些研究的开展意味着人们对预防性养护技术的认识已由最初的感性层面上升到了深层次的理性层面。截至目前,国内外仍有很多学者对预防性养护决策理论进行着深入研究。

我国对于路面预防性养护技术概念的引进,是随着某些预防性养护技术措施或保护路面的专有产品的引进,如稀浆封层、微表处、防水剂等,而为人们所接触[19]。进入21世纪以来,我国的一些大型高速公路管理部门承担的养护管理任务日益繁重,面对的中断交通进行大修所带来的经济及社会影响问题也日益突出,加之这些公司的运营资金相对充足,因此他们开始尝试着建立预防性养护及资产保值的综合应用体系。2003年,上海市公路管理处对预防性养护技术进行了持续研究，最终编制形成了上海市公路行业规程《公路沥青路面预防性养护技术规程》。2004年，广东省高速公路有限公司委托华南理工大学道路工程研究所开展了"沥青路面预防性养护与资产保值成套技术研究"项目的研究，研究成果形成了广东省公路行业规程《广东省高等级沥青路面预防性养护技术手册》。目前国内还有其他的一些省市开展了大量的预防性养护措施的应用研究。

总体而言，我国关于路面预防性养护技术的研究开展较晚，现阶段对于各种预防性养护措施的技术性能、使用条件、施工工艺和效果评价等方面的积累还远远不足，在具体应用预防性养护技术时主要凭借主观经验，对于预防性养护技术决策理论的研究尚处于起步阶段。

目前常用的预防性养护技术主要包括：雾封层类、微表处类、碎石封层类、薄层罩面类、超薄磨耗层类等各类技术。

1905年，第一个沥青乳化剂产品研制成功后，雾封层就作为第一个乳化沥青应用类型，用于道路防尘。雾封层具有施工工艺简单、开放交通迅速等[20]特点，主要作用是：防水、封闭微裂缝、补充沥青黏结料、稳定松散的集料，改善路面外观（尤其是颜色），同时又不损坏路面的原有标线，特别适用于已老化的沥青路面、开级配沥青路面和碎石封层路面。由于雾封层具有上述特点，可延长路面使用寿命，因此，雾封层是世界各国沥青路面预防性养护的一个有效措施[21]。

目前常用的封层养护技术主要包括雾封层、碎石封层、稀浆封层、微表处等各类封层技术，表1-1是现有封层技术及其作用领域。

表1-1 现有封层技术及其作用领域

指标	新建沥青道路	旧沥青路面维护	水泥路面
雾封层	×	√	×
碎石封层	×	√	√
稀浆封层	×	√	√
微表处	×	√	√

雾封层技术（FOG SEAL）全称为雾状封层技术，它是将乳化沥青、改性乳化沥青或沥青路面养护剂等流体状的材料，经喷洒机械喷洒在沥青路面上（如图1.2），由于材料喷洒时它将呈现出黑色的雾状，因此而称为雾封层[22]。

图 1.2 雾封层喷洒

雾封层可以封闭路面的孔隙和裂缝，防止由水分和空气进入路面结构中引起的结构破坏，对于一些微小裂缝还具有自动愈合的作用。同时，雾封层可以对道路表面松散的骨料起到凝结作用，防止其进一步松散，修补损失老化的黏结料，减少路面风化和老化带来的损失[23]。

雾封层是一种有效且成本低廉的预防性养护措施，施工工艺简便，施工时间短，能较快开放交通。如果在雾封层材料中再加入砂可以起到改善路面表面性能的作用，这种被称作含砂型雾封层[24]。然而雾封层并不能改善道路结构的承载能力，因此，雾封层主要应用于路面结构承载能力完好但是出现早期破坏的路面上。

热沥青是我国雾封层的最早应用材料[25]，有时在其上洒布细砂和石屑，防止泛油。在当时由于交通量小，对路面抗滑性能要求低，热沥青雾封层可以有效防止路面早期损坏，因此应用广泛，但是其洒布量和均匀性不易很好协调解决，不能适应道路交通量发展的要求。20世纪七八十年代，我国的市政道路和地方公路养护经常采用乳化沥青雾封层作为日常养护方式，具有一定的效果。当时雾封层所用材料主要是阴离子乳化沥青，主要用于治愈路面的松散和小裂缝[26]。这种养护方式对当时中等交通量的道路来说，起到了很大的养护作用。但是由于乳化沥青多采用高等级沥青制备，其破乳后短期内仍具有一定的黏轮现象，经常出现开放交通后，被轮胎带起；同时由于其洒布量小，耐久性差，不能满足现代大交通量高等级公路日常养护的要求。近几年，乳化沥青技术在我国发展很快，各种应用类型的乳化沥青都可以生产出来[27]。随着高等级公路路面相继进入维修养护期，为满足高等级公路路面维修养护的需要，一些单位已经开始在高等级公路上试用改性乳化沥青雾封层和专用材料的雾封层进行预防性养护。2005年合安路上进行了2.5万多平方米的雾封层，在勉宁高速公路上进行了雾封层的试用。其他省份和各个乳化沥青研究、生产单位也对雾封层进行了尝试，但具体的施工效果未见报道。

我国的预防性养护技术开始主要是依托具体的路面预防性养护技术或材料而引进的，在实施过程中，又因地制宜根据各地不同的气候环境对该项预防性养护技术进行了评价和改进[24]。

ERA-C作为沥青路面养护材料，在美国已经使用三十余年。1995年，常州东泰交通工程技术有限公司将该产品引进我国。根据厂家相关的介绍资料：该产品有别于一般的养护材料仅仅依靠覆盖、补强来完成路面的维护，它是通过其与沥青的化学反应来改善老化沥青的性能，使老化沥青再生来延长整个沥青混合料的耐久性[29]。ERA-C作为一种新型的养护材料，其本身就是从沥青中提炼出来，经特殊配制形成，其优越性能表现在：良好的流动性、防水性，高强的黏结性和渗透性。

随着国外预防性养护技术的不断引进[29]，国内相关的专家、学者也开始着手研究适合于我国地域辽阔、气候多变特点的道路预防性养护理论、模型。2008年长安大学姚玉玲、陈拴发等人提出了基于生命周期费用的沥青路面预防性养护时机确定方法，并建立了最佳预防性养护时机的效果费用比计算模型[31]。2009年哈尔滨工业大学曾峰在对广东惠河高速公路沥青路面养护状况调查分析的基础上，提出了高速公路沥青路面预防性养护时机的决策方法与技术应用。

雾封层作为一种成本低廉又十分有效的预防性养护手段，在国内起步时间较晚，直到2004年，才在"第二届全国公路科技创新高层论坛"上作为养护新技术向全国进行了推广。北京工业大学王利利等曾对北京某条高速公路使用美国STAR-SEAL SUPREME产品拌和细集料的雾封层处治效果进行了跟踪调查[32]。汪成夫和杨斌等在总结一些研究成果与施工经验的基础上，介绍了雾封层的设计与施工[33]。刘先森和李向阳等根据路面性能、清理、洒布量、洒布均匀性以及辅助施工措施提出了相应的质量控制措施，并通过工程实体检验了雾封层的密水性以及抗滑性能。张朝山针对京珠高速湖北境内的某路段雾封层的试铺，验证了雾封层优秀的抗渗性能。曾德亮针对水性环氧树脂改性乳化沥青在雾封层中的应用进行研究。张庆针对水性环氧树脂与SBR复合改性乳化沥青性能进行研究。上述研究均表明雾封层作为一种预防性养护手段，是十分有效且值得推广的[34]。近年来，雾封层开始在我国的一些实体工程中得到运用，如安徽合宁高速公路、新疆吐乌大高等级公路乌拉泊路段、广州新国际机场高速公路等，取得了不错的效益，并积累了工程经验，为雾封层在我国的发展提供了依据，也为预防性养护在我国的使用打下了基础[35]。

虽然我国对雾封层技术有了一定的研究，但是由于起步较晚，大多还是参照国外的雾封层技术，且养护机械多是从外国进口，施工工艺也是以国外发达国家的为蓝本。因此，有必要对雾封层技术进行更为深入的研究，开发出符合我国气候特色、地区特点的雾封层技术[36]。

微表处技术源于20世纪60年代末70年代初的德国。当时，德国的科学家用传统的稀浆做试验，主要是增加稀浆使用的厚度，看是否能找到在狭窄的车道上填补车辙但同时不破坏昂贵的高速公路路面的方法[37]。研究学者使用精心挑选的沥青及混合物，加入聚合物和乳化剂，摊到深陷的车辙上，形成了稳定牢固的面层，这个结果导致了微表处技术的出现（现今微表处施工如图1.3所示）。封层固化时间加快，与原路面黏结十分牢固，聚合物改性乳化沥青技术也就从此问世。

图1.3　微表处施工图

美国、澳大利亚等于20世纪80年代开始采用这项技术，加拿大也于90年代初开始引进微表处技术。在美国，改性乳化沥青稀浆封层在高速公路的维修养护工作中的使用越来越普遍。其最新发展是利用聚合物改性沥青乳液铺筑稀浆封层，国际稀浆封层协会（ISSA）将它分为聚合物改性稀浆精细表面处治（PSM，常用于超薄抗滑表层）和用于填补车辙的聚合物改性稀浆封层（PSR）。ISSA 在原来的稀浆封层实施细则 ISSAA143-83 的基础上，制定了 A105 施工指南，对微表处原材料、设计、试验、质量控制、施工等作了全面的规定，大大促进了稀浆封层和微表处技术在全世界范围内的发展[38]。

稀浆封层协会还对乳液性质及微表处各项性能都有详细的研究，在微表处技术方面作出很大贡献。例如，ISSA 的 C. Robed Benedict 详细研究了乳液破乳的性质，认为有时候乳液的破乳性质可能会发生改变，快裂快凝的乳液放置一段时间之后会变成快裂慢凝型乳液，之后随着时间又会变成慢裂慢凝型，这就会影响到混合料的拌和特性[39]。乳液性质的改变主要是由于 pH 值的增大引起的[40]。Mikael Engma 认为[41]沥青微粒大小会影响到乳液的物理性质，如黏度。微粒粒径越小，粒径分布越单一，则乳液黏度越大，微粒不易发生沉降。粒径分布决定了沥青与水的界面膜；粒径越小，成型速度越快。通过限制粒径大小和分布可以提高混合料的路用性能。

Peter E. Giebel and Stephen Faison 对不同级配和同级配不同沥青含量的混合料的体积指标进行了比较[42]，分析了不同的集料种类对混合料空隙率的影响，以及细集料和粗集料含量对体积指标的影响。试验研究表明，给定一种集料，则混合料的空隙率也存在相对应的一个值，即使级配发生变化，空隙率也不会随之有较大改变。同时，集料的吸水率和集料形状也会影响混合料的空隙率。而级配只会影响到混合料的拌和特性。

Christine DENF 对湿轮磨耗试验进行了改进，称为 SCREG 表面黏结力试验。试件高度与集料最大粒径相协调：12.7 ~ 10 mm；10 ~ 8 mm；6.3 ~ <6 mm。Dr. Sundaram Logaraj 等人对改性乳化沥青的稳定性进行了详细研究，采用振动试验、泵吸试验和高温储存稳定性试验评价乳液在不同环境条件下的稳定性，并提出了相关的技术指标。

C. Robed Benedict 认为最佳的改性剂用量以及添加剂用量在车辆荷载作用下最大抵抗竖向位移能力时取得，可由负荷试验确定出最佳的沥青用量，由 60 °C 黏结力试验或负荷试验确定最佳的矿粉用量和添加剂的用量。他还揭示了混合料乳液含量对混合料密度的影响规律：级配和液体总量对未压实的混合料的空隙率有影响。对于细集料含量高的级配，密度曲线随液体总量呈 V 形；对于细集料含量少的级配，更接近线型。此外，液体总量对湿轮磨耗值也有影响。液体含量减少时，湿轮磨耗值显著增大。密度增大时，磨耗值减小。可能是由于较多的乳液使得表面形成坚固的硬壳，从而磨耗值小。乳液含量小时，混合料的密度随着液体总量的增加而线性增加；乳液含量高时，混合料的密度随着液体总量的增加而非线性减小。乳化剂用量和pH值对密度几乎没有影响。较低的pH值会增加湿轮磨耗值。空隙率越小，黏附砂越多。存在一个最佳的乳液用量，若乳液较多，则多余的乳液就会残留于混合料的空隙，当空隙填满时，乳液就会停留在表面，就会黏附砂。

Larry Galehouse，P. E.，P. L. S认为微表处比较易碎，在原有路面上若存在裂缝[43]，则会很快反射到微表处面层。因此研究柔性微表处混合料，有效地防止反射裂缝非常重要。美国于1997年在US-131高速公路上铺筑了相关的试验路，所用沥青标号为PG64-28，其中掺加了5%橡胶和5%聚乙烯纤维，对0.075 mm筛孔的通过率提出要求，以保证混合料的柔性。实践证明效果较好。

西班牙的Fernandez del Campo和法国的Vivier研究认为采用间断级配的微表处混合料可以获得很好的排水功能和抗滑能力[44]。加入有机纤维（集料的0.1~0.2）提高混合料的性能。Andrew Bickford研究了水泥类型对混合料的影响，认为水泥类型会影响到混合料的拌和时间及性能，不能选择添加引气剂的水泥和早强水泥。

ASTM也制定了D3910稀浆封层混合料试验和检验标准。彩色微表处也在欧美国家广泛使用，其在摊铺技术和所用设备方面与普通微表处没有区别[45]。此外，欧洲还发明了纤维改性微表处，所使用的集料一般为断级配，添加的纤维有助于阻止离析。一般采用丙稀酸纤维和矿物纤维。纤维改性微表处的施工工艺与传统的微表处相同。

在我国，1999年开始对微表处技术进行研究，2000年微表处技术开发列入国家经贸委组织的"国家技术创新计划"。同年9月，在太旧高速公路上铺筑了8 km的微表处试验段。2001年微表处技术列入交通部西部交通建设科技项目计划，在四川、内蒙古、天津、上海、辽宁等地也铺筑了大量试验路。截至2003年年底，我国微表处罩面面积已超过6 000万平方米。通过大量研究，相关人员取得了很大成果，得出如下主要结论：

① 乳化剂对改性乳化沥青蒸发残留物性能及微表处混合料性能有很大影响；② ISSA微表处级配范围基本适合我国使用；③ 微表处级配宜粗不宜细，用于大交通量道路时宜采用Ⅲ型级配，油石比宜小不宜大；④ 应当谨慎使用间断级配（存在施工和易性问题）；⑤ 相同油石比的情况下，Ⅲ型级配下限黏附砂量最大，上限黏附砂量最小，中值级配磨耗值最小，上限磨耗值最大；⑥ 超粒

径颗粒必须在施工前予以清除；⑦粗集料用量过大，容易在摊铺过程中产生划痕，粗颗粒容易脱落；粗集料用量小，导致强度降低；⑧矿料砂当量的降低会显著缩短混合料的拌和时间，减弱耐磨性能、抗裂性和抗车辙能力，并可能使混合料中改性剂无法正常发挥效果。

福建南平公路局选择以废旧轮胎磨细橡胶粉作为改性剂，用于稀浆封层，通过调整配合比，使稀浆的和易性和黏结性得到改善，同时在抗滑和耐磨方面优于普通稀浆封层。我国还研究开发了复式微表处，它是细级配底层和粗粒径断级配表层的叠合，具有良好的密实防水性和抗滑性，还具有应力吸收作用，可作为高速公路路面和桥面处治的一个重要工艺措施。

我国东南大学对微表处作了系统的研究，认为将改性剂进行复配（2.5% SBS+2.5% SBR）弥补了单用 SBS 延度较小和单用 SBR 弹性恢复差的弊端，总体性能最优；对恩格拉黏度与标准黏度之间的关系进行了回归；总结了砂当量对混合料的影响规律；并发现硫酸铝对拌和时间有很大影响，拌和时间会随硫酸铝剂量的增大而延长，但存在一转折点；同时自行研制开发了抗裂试验仪，并进行了相关评价[46]。

河北工业大学也对微表处进行了研究[47]，如采用 MTS 试验机进行低温压缩试验来考察混合料临界应变能密度。2004年交通部颁布的《公路沥青路面施工技术规范》（JTG F40—2004）中对微表处的定义、原材料的技术要求、设计方法、技术指标和要求、施工过程等作了规定，对微表处在我国的推广应用及其发展提供了规范与指南。

但是微表处技术尚不完善，存在如下主要问题[48]：

① 目前我国的改性乳化沥青与集料的配伍性差以及改性乳化沥青储存稳定性差是存在的重要问题，改性乳化沥青的质量对混合料的性能影响很大；② 普遍认为乳化 SBS 改性沥青较困难，工艺难掌握；③ 如何获得"慢裂快凝"的微表处混合料值得研究，即混合料既要有足够的拌和时间，还要尽快成型以开放交通，这是施工过程中最常遇到的问题；④ 原路面的表面状况对微表处的使用效果及功能有很大影响，如原路面有裂缝处，裂缝易反射至微表处面层；此外，原路面与微表处黏结不良，易会产生剥落脱皮的病害。

碎石封层，是通过一定厚度的黏结材料（1~2 mm）将一定粒径的集料黏结形成的薄层[49]，其整体力学特征是柔性的；其施工时，通过专用设备即碎石封层车将集料及黏结材料铺洒在路面上，通过自然行车或胶轮压路机碾压形成单层沥青碎石层。黏结材料可以选择石油沥青、乳化沥青、改性乳化沥青、稀释沥青、改性沥青、再生乳化沥青等，乳化沥青和稀释沥青应用最为普遍，碎石可以为单粒级石料、级配碎石，单粒级石料应用最为普遍。

碎石封层具有防潮、抗滑、维持现有路面结构强度等作用，该技术被欧美等30多个国家广泛应用于各等级公路的养护和建设中[50]。因建造成本低以及使用性能良好等优势[51]，该技术得到了世界各国的广泛认同。在美国，对碎石封层已经有50多年的历史记载[52]，最初碎石封层仅仅被用在小交通量公路的表面磨耗层，随着大规模路面养护的需要以及养护方面使用资金的匮乏，碎石封层技术才逐渐地流行起来。1960年，McLeod给封层定义为一种单层沥青黏结单层碎石的结构形式，这一定义至今被得克萨斯州交通运输部所使用[53]。

在国外，碎石封层做上封层使用居多，鲜有用于道路层间的工程应用，但国外对道路层间的接触状态开展了大量的研究工作[54]，认为道路层间良好接触状态可以保证路面结构长久的使用寿命，同时也建立了评价层间接触状态的小型室内试验方法，如拉拔试验、剪切试验、三点（四点）错动抗弯试验以及三点弯曲试验等[55]。1984年，国外有研究指出，基、面层间的接触状态显著影响路面结构的疲劳寿命[56]。1997年，学者Hakim在路面抗疲劳寿命的研究中再次认证了这一结论。2004年，Kruntcheva等人采用BISAR3.0程序，假定了路面层间完全连续及完全滑动两种接触状态，并分析对比了这两种接触状态下路面结构的疲劳寿命，结果表明路面层间由连续到完全滑动的过程中路面结构的使用寿命损失在50%以上[57]。1978年，瑞士联邦实验室就采用了层间剪切试验对沥青路面层间的黏结层强度进行评价，同时提出了相应的规范标准。随后，英国诺丁汉大学研究采用扭转剪切试验方法对层间抗剪切能力进行评价[58]。2005年，NCAT（北卡罗来纳农业与技术州立大学）利用自主开发的层间剪切系统对不同影响因素（如试验温度、加载速率等）下多种黏层油类型的层间黏结效果开展了一系列的研究[59]。

同步沥青碎石封层技术（施工图如图1.4）在我国辽宁省、湖南省、山东省等省份的高速公路下封层建设中已经得到应用与推广。有文章指出[60]：在湖南省的常张、邵怀以及怀新高速公路建设中全线或部分路段中，路面层间铺设了碎石封层，从工程效果来看，碎石封层可以有效提高沥青路面的品质和路面使用寿命，同时起到良好的防水效果以及防反射裂缝的功能。尽管碎石封层技术在我国起步要晚于国外，但从可选择的材料类型到施工技术等方面发展极为迅速。2002年，我国辽宁省首次从法国引进了同步碎石封层技术以及相关的施工设备，国内众多的筑养护机械制造企业以及相关科研单位从事起了同步碎石封层设备的开发与关键技术的研究工作,现推向市场的同步碎石封层设备有:西安筑路机械有限公司的 TS4000 型同步碎石封层车等。长安大学顾海荣博士从碎石封层机械控制的角度对碎石封层车的关键技术进行了深入研究[61]。2007 年 6 月底,辽宁营口公路处又引进了纤维封层技术并铺设了试验路。纤维封层技术被认为是碎石封层的革新技术,随后,相关的研究部门对纤维封层开展研究,针对纤维封层的研究包括配合比设计方法、施工技术与施工管理等方面[62]。

图 1.4　同步碎石封层施工图

通过上述的对国内外[63]的碎石封层研究发展现状以及层间结合状态的分析可知:一方面,国内对于碎石封层作为下封层使用材料试验的研究以及碎石封层铺设于半刚性基层表面的系统研究很少[64],对碎石封层的黏结材料性能也只是一点初步的认识;另一方面,尽管我国在碎石封层的结构形式上以及部分功能作用方面的理念上与国外有一些共同点,同时国外在碎石封层的设计和施工应用上有着成熟的经验,但是因我国在碎石封层做下封层使用时在道路结构中的铺设位置以及综合使用性能上区别于国外,完全照搬国外的方法是不可行的,只能是部分的借鉴[65]。综上,基于现阶段我国碎石封层在道路应用中的实际情况,从碎石封层做下封层使用时的功能作用要求出发,对采用的材料和工艺进行深入系统的研究是必要的,这对于碎石封层今后更大规模成熟地应用于高等级公路中才是有意义的[66]。

作为一项预防性养护技术,薄层罩面就是在原沥青路面上加铺新表面,提高原路面的平整度,减小行车振动、增加道路使用者的行车舒适性[67];同时,保证一定的粗糙度,提高路面的抗滑性能;对于路面表面原有破坏(如坑洞、辙槽、裂缝等）的治理还能起到一定的补助和改善作用，从而延长路面的使用寿命。经过摊铺机摊铺和压路机碾压而形成的单层的沥青混凝土面层就是薄层罩面[68]。对薄层罩面的研究，以法国为代表的许多发达国家早就开始了。法国将薄层罩面定义为 BBM，即由沥青（纯沥青或改性沥青）、集料和有机或矿质的添加剂制成的混合料，一般的摊铺厚度为 30~40 mm。美国一般取用的厚度为 15~30 mm。在我国，其代表厚度为 15~30 mm，一般为 20 mm 左右，在局部面积上可以铺得较厚。我国的养护规范对薄层罩面的适用范围做出了规定，即在路面辙槽深度小于 10 mm，路面平整度较差、路面无结构性破坏的情况下，为了改善路面的服务功能，可以采用薄层罩面[71]；薄层罩面也可作为新建公路的磨耗层。薄层罩面混合料宜选用间断级配、改性沥青或其他添加剂，以提高罩面层的水稳定性[72]。薄层罩面层厚度应根据路面的等级、交通量的大小、道路等级、道路的功能要求等综合确定。选用较薄的罩面层可以重点解决路面的轻微网裂和透水病害问题，采用较厚的罩面层能够改善路面破损、平整度、抗滑二项路面性能，各类型的罩面厚度不应小于最小施工结构层厚度。如果要解决高等级公路抗滑问题，罩面层的厚度不得小于 2.5 cm[73]。

薄层罩面技术的主要优点：① 延长了路面的服务寿命；② 能够承受重载交通和高剪应力；③ 改善了路面平整度；④ 能铺成需要的厚度、纵坡度和横坡度；⑤ 中断交通时间短，对交通影响小。按照施工方法的不同，薄层罩面可以分为冷薄层罩面和热薄层罩面两大类[75]。冷薄层罩面不需要对材料加热，在常温下就可以施工，施工方便、快捷、中断交通时间短。乳化沥青或改性乳化沥青混合料是目前应用较多的冷薄层罩面工艺技术。而热薄层罩面技术需要对材料进行加热后方可施工。根据级配类型的不同，可将热薄层罩面分为间断级配、密级配和开级配；根据材料的不同，可将热薄层罩面分为普通沥青混凝土薄层罩面（AC 系列）、超薄橡胶粉改性沥青罩面等[76]。

1. 冷薄层罩面

冷薄层罩面是指将乳化沥青或者改性乳化沥青和砂石材料在常温条件下均匀拌和、摊铺、压实的一种工艺。其优点主要有：

（1）节省沥青用量。冷薄层罩面使用的阳离子乳化沥青能够与石料有良好的黏附性，沥青用量能够减少 10%~20%。

（2）节约资源。冷薄层罩面混合料在拌和时砂石材料不需要加热，可以节省大量的燃料。

（3）延长施工季节。沥青路面在潮湿的雨季和阴冷的秋冬季节常宜出现病害，在发现病害后可以及时处理，不必要等到夏季高温季节再处置，延长了施工时间。

（4）减少污染，保护环境。在常温下拌和和生产乳化沥青混合料，没有烟气和粉尘的排放，对环境不会造成危害。

2. 热薄层罩面

热薄层罩面是在原有的路面上加铺一层厚度不超过 2.5 cm 的热拌沥青混合料，是一种很早就采用的传统预防性养护技术。热薄层罩面能有效地防止路面性能正在下降的路面继续恶化，提高路面的平整度，提高路表面的抗滑阻力，校正路面的轮廓，对路面具有一定的补强作用。热薄层罩面按照沥青混凝土面层的厚度可以分为两种：薄沥青混凝土面层（25~30 mm），很薄沥青混凝土面层（20~25 mm），超薄沥青混凝土面层（15~20 mm）。薄层罩面在施工中最大的困难就是由于层面较薄容易冷却不宜使用振动压路机压实，不宜达到较高的密实度。为了解决这一问题，可以使用专为压实薄层路面而设计的高频振动压路机（如图 1.5），该压路机振幅很低，只有 0.2 mm 左右，但频率高达 70 Hz；在材料方面，采用改性沥青作为黏结剂铺筑的薄层罩面在抗滑性和耐久性方面都明显优于普通沥青。所以，对于热薄层罩面，需要正确设计混合料、控制温度以及压实工艺和选择压路机很重要。

图 1.5 薄层罩面压实图

热薄层罩面技术被广泛应用在沥青路面的预防性养护和中修养护中，是一种经济实用的沥青路面修补技术，也可用于新建沥青路面表面的抗滑磨耗层。

在进行材料选择时，需要重点考虑沥青混合料的热稳定性和不透水性。需要比较各种沥青混合料的技术性能、各自特点及其适用性以确定混合料的类型，设计中必要时需要调整混合料级配，以保证施工质量。

（1）AC罩面

热拌密实型沥青混合料AC罩面是罩面工程中常用的措施，其结构是典型的悬浮-密实结构，特点是：细集料胶浆含量多并且致密，力学性能表现为马歇尔稳定度较高，密水性好，施工工艺较成熟，工程造价较低，常见的有AC-13和AC-16两种类型。但缺点是：抵抗高温车辙和早期损坏的能力相对较弱，而且表面光滑易使车辆产生漂滑的现象，影响交通安全。尤其是在超重载路段上时，缺点凸显：抗滑性能差，高温稳定性和低温抗裂性能较差，疲劳裂缝和反射裂缝严重，寿命期较短，需要经常养护，从而造成总体投资增加。

（2）橡胶粉改性沥青混合料罩面

将橡胶粉掺入到用于铺筑路面的沥青材料用中，这种结构在国外有多年的历史，掺入橡胶粉后，大大地改善了沥青路面使用性能，使其具有高温稳定性强、低温抗裂性强、水稳定性好等优点，从而能够延长路面的使用寿命[77]。在应用橡胶粉改性沥青混合料罩面时，需要考虑橡胶粉的因素有：

① 橡胶粉的粒度。橡胶粉的颗粒越细，就越能增强与沥青的和易性，容易均匀分散，增大与沥青的接触面积，使沥青与橡胶粉相互渗透、融为一体[78]。但是需要考虑经济性，橡胶粉颗粒越细，价格就越高，所以要结合两方面因素选择，适用于沥青改性的粒度一般在30目左右。

② 橡胶粉的性质。橡胶粉可分为普通橡胶粉和脱硫活化胶粉两种。一般首选脱硫活化胶粉，这是因为脱硫活化胶粉能够改善材料的动态疲劳性，提高其拉伸强度[79]。

③ 橡胶粉的品种。常用橡胶粉原材料主要来自鞋底胶粉、胎面胶粉、杂品胶粉等。橡胶含量越高，对材料性能的改善越有利，但不同品种的橡胶粉所含橡胶不同，SBS和EPDM（乙丙橡胶）性能较好。所以，选择最佳的橡胶品种前，要针对掺混前后的技术性能做对比试验。

（3）高黏薄层

高黏薄层沥青混合料[80]是由普通石油沥青、粗细集料和适量矿粉及专用混合料改性剂所组成的一种新型复合材料。这种复合材料是在沥青混合料拌和设备中加热拌和而成，在热状态采用改性沥青摊铺和压实设备进行摊铺和揉压成型，这种路面厚度为2.0～3.0cm。这种高黏薄层沥青混合料改性剂和XAC-10

型矿料级配是我国高速公路养护维修的一项新技术,特点是粗集料多、矿粉多、沥青多、细集料少、厚度薄、模量高、黏度大等[81]。在沥青混合料的拌和过程中添加一定比例的高黏薄层沥青混合料改性剂可直接对沥青混合料的路用性能进行改善,能有效增强沥青路面的抗车辙性能和耐久性能,同时具有良好的抗磨耗、抗滑和降噪声等路面使用性能[82],在2010年成功应用于修复车辙试验路段,取得了良好的路用效果,填补了我国目前双层微表处修复车辙与路面车辙铣刨重铺大修之间的空白。高黏薄层技术还能应用于桥面铺装、隧道路面、薄层罩面等领域,路用性能好,工程需求量大,发展前景广阔。

超薄磨耗层是借鉴薄层罩面的养护理念,直接在原路面上加铺一层1~1.5 cm厚的薄层沥青混凝土,由于厚度比较薄。不会对原路面的标高、排水等产生较大的影响,因此不需对路面进行铣刨。超薄磨耗层实施效果如图1.6所示。超薄磨耗层适用于沥青路面、水泥路面桥面以及隧道等多种路面情况。对于水泥桥面来说,加铺超薄磨耗层也不会显著增加桥梁荷载,而且对路面的改善效果显著,是一种优选的养护手段。相对于上述几种养护手段来讲,超薄磨耗层不仅可以有效防治路面病害,提升路面平整度,提高行车质量与行车安全性,而且具有施工方便快速、节省材料的使用等优点,是公路预防养护首选的一种养护手段,具有广阔的市场应用前景与重要的科研价值,将成为路面预养护技术中的"尖刀"。

图1.6 超薄磨耗层示意图

超薄磨耗层[84]技术于1988年首次在法国应用,在欧洲应用已20年。该技术于1992年引入美国,截至2003年使用面积每年超过4 000万平方米。其中绝大部分工程应用于超大交通负荷的高等级公路上,充分表现了其优异的路用性能和突出的经济性。超薄磨耗层系统被美国沥青技术中心试验首选为第一养护方案。目前全国范围内的高速公路越来越多地采用超薄磨耗层养护技术,与此同时,也出现了不同品牌的超薄磨耗层,其中比较有名的有Novachip超薄磨耗层[85]、GT TECH高韧超薄磨耗层、温拌微罩面以及SMC薄层罩面,等等。

2001年,交通部公路科学研究所对超薄层沥青混凝土面层技术进行研究,提出了相应的混合料设计指标、方法以及施工指南。《公路沥青路面设计规范》(JTG D50—2006)规定:超薄磨耗层是一种具有较大构造深度、抗滑性能好的磨耗层,适用于路面较平整、辙槽深度小于10 mm,无结构性破坏的公路,为提高表面层服务功能的养护维修措施,也适用于新建公路的磨耗层。磨耗层一般厚度为20 mm左右,混合料宜选用断级配、改性沥青或其他添加剂,以提高超薄磨耗层的水稳性。

1.2 薄层技术的发展

通过上述几种不同的预防性养护手段对比分析可以发现,薄层罩面是目前公路预防性养护工程当中最有效的技术手段。目前常用的薄层罩面技术,可根据不同的分类标准,分为不同种类[88]。首先,根据层厚,一般可分为1.5~2.5 cm层厚的薄层沥青罩面技术和1.0~1.5 cm的超薄沥青罩面技术,两者由于罩面结构不同,因此所选混合料的最大公称粒径也不相同。一般1.5~2.5 cm厚的薄层罩面混合料最大公称粒径为8 mm或者10 mm,所用级配多为密实型,如典型的易密实ECA-10[89]、沥青玛蹄脂碎石SMA-10、多碎石沥青SAC-10以及Novachip Type-B型级配均为密实型级配,孔隙率一般为3%~6%,然而也有极少数采用OGFC-10开级配的混合料方案。1.5~2.5 cm厚的薄层罩面所用沥青一般为聚合物改性沥青,PG高温分级达到76 ℃以上即可。对于密实级配混合料来讲,采用普通聚合物改性沥青作为胶结料即可保证混合料具有足够的耐久性,而对于开级配混合料,其对沥青胶结料的性能要求比较高,一般为高黏度改性沥青[91]。然而1.5~2.5 cm厚的薄层罩面通常在加铺前需要对路面进行铣刨,铣刨深度为2~2.5 cm,主要是考虑路面标高,桥梁恒载自重以及隧道净空等要求。

而1.0~1.5 cm厚的超薄沥青罩面技术,混合料的最大公称粒径通常为5 mm或者 6 mm，一般不超过 8 mm，而混合料的级配类型主要包括密实级配、半开级配或者开级配。如 Novachip Type A 型、GT TECH 超薄路面以及 Superlayer 超薄路面采用的是密级配的混合料方案，混合料孔隙率一般在 3%～6%。一般小粒径密级配混合料路面，其构造深度不大，容易引起抗滑性不足的问题，然而密级配混合料的强度，高温性能和抗水损性能较为优异。1.0 cm 温拌微罩面采用的则是半开级配方案，混合料孔隙率为 10%～15%，由于温拌微罩面所用沥青较软，因此混合料的施工和易性较好，而且路面的压实效果也比较好。开级配的 1.0～1.5 cm 厚的超薄沥青罩面主要采用 OGFC 级配方案，这样有效地避免了小粒径混合料带来的抗滑性不足问题，然而对沥青胶结料的品质要求非常高，一般为特种改性沥青。

根据混合料的生产施工温度，薄层技术可分为热拌技术和温拌技术，其中热拌技术指的是混合料的生产温度在 170 ℃ 以上，如 ECA-10 与 SMA-10 混合料生产温度均在 170 ℃ 以上，部分混合料甚至超过 180 ℃，达 190 ℃，如 GT TECH 超薄罩面混合料生产温度为 180～190 ℃。由于薄层罩面对混合料性能要求比较高，一般采用高黏度改性沥青或者特种改性沥青作为热拌薄层罩面的胶结料。为了提高混合料的施工和易性，一般会采取提高混合料的生产拌和温度的方案，这样一来不仅造成了能源与资源的浪费，而且混合料在高温条件下很容易发生短期老化，性能下降，从而降低使用耐久性。而温拌薄层技术指的是混合料生产温度为 120～140 ℃，有效地避免了热拌技术施工温度过高的问题，而且还可以根据实际情况通过现场改性来完成，如 SMC 薄层。温拌薄层所用沥青胶结料性能要明显弱于热拌沥青，混合料的各项指标也较低，然而由于其良好的施工和易性，温拌薄层罩面技术在我国山西、河北等北方地区得到广泛的应用。

目前薄层罩面的施工可分为同步施工和异步施工[92]，同步施工技术源于 Novachip 薄层技术。Novachip 薄层技术发源于美国，提供了包括 Novachip 混合料设计、Novapaver 摊铺施工一体机以及 Novabond 乳化沥青黏层油一整套的材料、设备与技术方案。国内的薄层技术大多数都是参照 Novachip 技术，如 ECA-10 薄层罩面，GT TECH 超薄沥青路面技术等，均为同步施工技术[93]，采用一体机施工以及改性乳化沥青作为黏层油。与 Novachip 薄层技术仅在材料方面有所不同，包括混合料级配、沥青胶结料以及乳化沥青黏层油技术指标等。同步施工的优点在于减少了黏层油喷洒这一环节，然而一体化摊铺机造价相对比较高，也因此增加了施工成本。由于采用了乳化沥青体系的黏层油，一般黏层油喷洒量较大，每平方米用量在 0.6 kg 以上。一方面，一体化摊铺机中所能存储的黏层油重量有限，因而在大面积施工的情况下，需要中断施工，来补充黏层油。另一方面，每平方米的黏层油喷洒量较高，喷洒到路面之后容易像雨水一样流动，对于一些不平整的路段，容易出现黏层油分布不均的情况，从而造成局部黏结性能的差异。异步施工技术则是将黏层油喷洒和混合料摊铺施工分离开来，采用普通的摊铺机施工，降低了施工成本，而且黏层油喷洒速度较快，可保证大面积的连续施工。典型的异步施工技术如 1.0 cm 温拌微罩面技术，采用非乳化体系的黏层油，每平方米黏层油喷洒量仅为 0.15～0.25 kg，采用雾化喷洒施工可保证喷洒绝对均匀，然而不同于传统的沥青洒布，需要专门的喷洒设备来完成黏层油的喷洒。

下面对常用的薄层养护技术进行介绍。

Novachip 是一种沥青混合料超薄磨耗层技术[96]。该技术具有表面抗滑性能好、减少雨天水雾及路面水膜、噪声低、施工速度快、开放交通快、性价比较高等优点。Novachip 于 1986 年在法国首次得到应用，用于恢复公路沥青路面抗滑性能，后来也用于新建路面。法国是国际上采用超薄磨耗层沥青混合料路面具有代表性的国家。

Novachip 超薄磨耗层可分为两部分：一是改性乳化沥青的洒布；二是改性热拌沥青混凝土的摊铺及碾压。改性乳化沥青所起的作用主要为密封原路面及保证新混合料与原路面的有效黏结。而改性热拌沥青混凝土是由较大粒径的断级配集料、改性沥青经热拌和而成，其主要作用是提供一个平顺、耐久、具有一定抗滑能力的表面。改性超薄磨耗层由一台专用施工设备一次性完成改性乳化沥青加水、喷洒黏附混合层和改性沥青热拌混合料的摊铺（如图 1.7）。乳化改性沥青黏结层利用改性沥青混合料的热量在瞬间完成与下层的黏结及与上层的吸附。特别设计的断级配改性沥青热混合料在摊铺后，由紧随其后的压路机快速碾压，20 min 左右即可开放交通。

Novachip 超薄磨耗层已在全世界范围内多个国家推广使用[97]，该技术采用一体机 Novapaver 摊铺，以 Novabond 作为层间黏结材料，磨耗层混合料为半开级配，具有良好的抗滑特性，其厚度通常为 1.5～2.5 cm，施工效率比较高。该项技术比较成熟，Novachip 超薄磨耗层技术非常适用于矫正路面非结构性开裂、轻微车辙、抗滑性能不足等半刚性基层沥青路面结构的常见病害。同时具有施工速度快、路面抗滑能力强、排水性好、行车安全、使用寿命相对较长等诸多优点。然而该技术从国外引进，相对来说成本比较高。

图 1.7 Novachip 超薄磨耗层施工示意图

GT TECH 高韧超薄磨耗层技术类似于 Novachip，也是采用一体机摊铺，磨耗层混合料沥青用量很高，通常大于 8%，层间黏结材料为改性乳化沥青，磨耗层厚度为 1~1.5 cm。GT TECH 高韧超薄磨耗层在广东地区有较多的应用案例，就目前使用情况来看效果良好。

GT TECH 热拌超薄磨耗层技术要求原路面具有一定的结构强度，不作为结构补强层，若在结构强度不足路段实施前须进行结构强度的恢复措施。实施前对局部病害（裂缝、坑槽、沉陷、拥包等）进行处理和修复。施工前路面洁净、无泥土和其他杂物，将原路面的污染物清扫干净。

GT TECH 热拌沥青混合料的生产过程中，采用了计算机控制的间歇式拌和机进行拌和。拌和过程中，严格控制了 GT TECH 高黏高弹改性沥青和集料的加热温度以及 GT TECH 热拌混合料的出厂温度。其中，沥青加热温度一般为 175~190 ℃。

GT TECH 热拌超薄沥青混合料的摊铺采用了同步摊铺技术（乳化沥青和混合料同步喷洒摊铺）一次成型。实施过程中一般采用维特根 Super 1800-2 和 1800-3 同步摊铺机型。采用同步摊铺机型的主要优点是：① 防止乳化沥青二次污染，保证了层间黏结力，避免了传统施工方式中乳化沥青喷洒过后可能会被过往运输轮胎碾压造成污染。② 大大提高了摊铺作业的效率，缩短了摊铺时间，并且乳化沥青的喷洒量可以根据路面情况进行调整，喷洒过程施工作业面干净可控。

ECA 薄层罩面技术是一种性能优秀的预防性养护措施，是近些年由东南大学研发的薄层路面结构，是一种超长耐久的表面层，具有抗滑、抗车辙、抗磨耗的优良性能，在国内得到了良好的应用[94]。ECA 混合料为密级配热拌沥青混合料，摊铺厚度约 2.5 cm，相对于一般薄层罩面技术区别在无须专用的拌和、摊铺设备，其技术特点为：① 采用 PG76-22 改性沥青或高强改性沥青；② 矿料筛分时增加 6.7 mm 筛孔技术，优化级配；③ 采用高劲乳化沥青劲结层进行黏结；④ 外掺剂包含聚酯纤维及易密实剂。

ECA 薄层罩面技术可适用于大多数沥青路面的预防性养护工程，路面病害状况如以下 6 种情况都可适用：① 裂缝从轻微到重度；② 坑槽从轻微到重度；③ 车辙< 2 cm；④ 泛油从轻微到重度；⑤ 不平整轻微；⑥ 修补从轻到中等。

申苏浙皖高速公路（浙江段）是国家高速公路"7918 网"中东西横向 18 条主线公路中 G50 沪渝（上海—重庆）高速公路的组成部分，全长 88.226 km，分两期建设，路基宽 25.5 m，于 2006 年 10 月试通车运营。经过多年的运营，路面出现不同程度的病害，为贯彻我国公路"预防为主，防治结合"的养护方针，全面提高道路使用的安全性、耐久性和舒适性，养护主管部门 2016 年对申苏浙皖高速进行了路面养护专项工程，其中挑选了 1 km 作为实验段采用了 ECA 薄层罩面技术进行了预防性养护，路段内的病害主要表现为车辙，大部分在 2 cm 以内，同时存在少量裂缝。

多碎石沥青混凝土 SAC 是指为了改善表面构造深度和高温稳定性，在密级配沥青混合料基础上增加碎石（粗集料）和填料含量、减少细集料含量而形成的间断级配结构。因为 SAC 结构中碎石含量较多，所以，SAC 结构在构造深度、高温稳定性、水稳定性、摩擦系数等方面具有一定的优越性。SAC 罩面作高等级公路的上面层或抗滑层时，应具有足够的密实性和构造深度，以满足防水和抗滑的要求，其特点是：属间断密实级配，构造深度为 0.18～1.12，空隙率为 3%～4%，对材料的要求低于 SMA，可在满足路用性能的基础上降低工程造价。SAC-10 是一种小粒径、多碎石、粗集料间断级配密实型沥青混合料，一般的摊铺厚度为 15～25 mm，以恢复沥青路面的表面功能，主要特点是构造深度大、恢复抗滑性能、行车噪声小、厚度薄、造价低等。

沥青玛蹄脂碎石混合料简称 SMA，是由沥青、矿粉、纤维稳定剂和少量细集料组成的沥青混合料，用沥青玛蹄脂来填充间断级配的骨架间隙而形成，是最适宜用作罩面的材料。高温情况下，粗集料骨架 70%以上承受交通荷载，骨料间的相互嵌挤作用可以使沥青混合料产生很好的抵抗车辙的能力，此时玛蹄脂的黏度降低，但是不会影响骨架承载能力，因此具有良好的抗车辙性。低温情况下，抗裂性能主要是由结合料的拉伸性能决定的，SMA 中填充空隙的沥青玛蹄脂具有很好的黏结作用。尤其是当采用改性沥青时，其韧性和柔性更佳，混合料的低温抗变形能力明显。SMA作罩面还具有抗滑性能好、耐磨耗、表面构造深度大、水稳定性和耐久性良好、施工时不易离析、便于压实、施工难度低等优点。在交通量大（尤其是重载交通量）、等级高并且使用条件较为恶劣的公路中采用SMA罩面时，能够有效地改善路面的使用性能和延长其使用寿命。但值得注意的是，SMA中沥青用量较多，造价较高，适于处理病害严重的路段。经过设计，在满足薄层罩面厚度的技术要求的情况下，SMA罩面可按摊铺厚度与公称最大粒径的比为3∶1的比例进行摊铺，即：公称最大粒径为4.75 mm时，SMA罩面摊铺厚度可小于19 mm；公称最大粒径为9.5 mm时，摊铺厚度可小于32 mm。

微罩面的结构及技术核心可分为两个层次：表面磨耗层和黏结防水层。厚度为1 cm的表面磨耗层，能够提供一个安全、舒适、安静、耐久的行驶表面，提高路面的抗滑性能，降低路面噪声，改善路面的平整度，恢复路面的表面功能。而黏结防水层能够保证微罩面与原路面结合紧密，防止雨水下渗。现有热拌沥青混合料需要较高的拌和、摊铺和碾压温度，当路面摊铺厚度降至1 cm时，混合料摊铺至路面后迅速降温，无法满足路面摊铺、碾压等施工和易性的工艺要求。另外，以现有乳化沥青为主的黏层油体系，存在破乳速度慢、黏结强度低、易被摊铺机履带和料车车轮黏住带起等缺点，无法满足微罩面对于黏结强度和有效性的要求。

微罩面是通过普通热拌沥青混合料摊铺设备，将微罩面专用沥青改性混合料快速摊铺成型的高效养护技术方案。其拌和温度为110~130 ℃，施工碾压温度可低至60 ℃。施工过程中沥青气味小、施工操作和易性高，易于摊铺碾压。此外，采用专用黏层油材料和喷洒设备，在保证路面黏结性能的前提下，解决了黏结有效性和路面泛油等潜在风险问题。微罩面摊铺至路面后，由于其独特的改性沥青性能，通行交通量越大，微罩面与原路面黏结越牢固，可进一步提高薄层与原有路面之间的黏结性能。一般来讲，微罩面不仅不改变路面的结构性能，还可以减缓路面的破坏速率。由于微罩面加铺层是在原沥青路面或水泥路面上加铺1层0.8~1.5 cm的超薄层，其极薄的层厚使得该层位并不参与路面结构功能，仅为表面磨耗层，因此对该层位仅有功能要求而无结构方面的要求。

嵌固密实超薄磨耗层（Density Asphalt mixture with Solid stone skeleton, DAS）是将2.0~2.5 cm厚的高性能嵌固密实改性沥青混合料铺筑于一层特种不黏轮改性乳化沥青黏层之上的薄层罩面体系，具有防水、抗滑、耐磨以及高温抗变形、低温抗开裂等优良路用性能，旨在预防并修复路面早期病害，综合提升路面服务质量,延长道路使用寿命,如图 1.8 所示。其技术特点为:密实型,不透水,保护原有路面不受雨水侵害;矿料结构独特,路表构造深度大,摩擦系数高;路表纹理均匀,行车噪声低;薄层罩面,路面标高变化小,对其他路面设施影响小;普通摊铺工艺施工,不依赖于洒布摊铺一体机;开放交通速度快,交通布控时间短,对交通影响小;高温抗车辙、低温抗开裂、抗滑耐磨、低噪声,使用寿命可达 8 年以上。

图 1.8 嵌固密实超薄磨耗层路面

主要适用于以下情况:高速公路、城市主干道等各类道路的预防性养护和轻度病害修复;新建道路的表面磨耗层;路面出现轻微至中度裂缝、松散、车辙等病害但道路结构良好时;路表抗滑性能下降或行车噪声大时。

SMC 薄层罩面是一种温拌超薄罩面技术,通过在普通 SBS 改性沥青当中添加 SMC 改性剂,在拌和站即可实现二次改性,省去了成品改性沥青在工厂加工的过程,采用传统摊铺工艺,黏层油分步施工,磨耗层厚度一般为 1~1.5 cm。SMC 常温沥青改性剂,是一种常温改性沥青,它是利用废旧塑料、废旧轮胎等废旧橡胶品中生产出的一种甲基苯乙烯类嵌段物高聚物弹性体共聚物(Styreneic Methyl Copolymers),简称 SMC,它兼具橡胶和热塑性树脂的技术特点。在常温下,苯乙烯嵌段共聚物形成的弹性体类聚合物显示橡胶的高弹塑特性[98]。

由于采用温拌技术,SMC 薄层罩面混合料生产及施工温度一般低于 130 °C[99],而且现有的工程案例显示可在 0 °C 以下进行施工,目前在宁夏、山西等地已有大规模的使用,并且取得良好的应用效果。然而 SMC 薄层罩面混合料整体偏软,强度方面稍有欠缺,容易出现反射裂缝等问题。

现有薄层技术的总结：

上述分析介绍了几种目前最常见的薄层技术，表1-2以及表1-3是对几种常用的薄层技术优缺点的总结。

表 1-2 薄层技术优势

薄层类型	薄层技术优势
GT TECH	沥青指标优异，混合料性能较好
SMC薄层	现场改性，施工便利
ECA、SAC	专用级配，对沥青要求较低
Novachip	技术成熟
温拌微罩面	不用铣刨，直接加铺

表 1-3 薄层技术缺陷

薄层类型	薄层技术缺陷
GT TECH	施工温度过高，老化严重
SMC薄层、温拌微罩面	沥青指标不高，混合料性能较差
GT TECH、Novachip、ECA	同步施工，费用高，效率低，乳化体系黏层油，喷洒量高，容易流动
Novachip、SAC、ECA、SMA	施工复杂，需要铣刨

第 2 章

高黏沥青的研发与性能评价

背景部分分析了目前超薄罩面用沥青胶结料的情况,总体来说,热拌体系的超薄罩面所用胶结料性能较为优异,一般为高掺量聚合物改性沥青,沥青的黏度也比较大,混合料具有良好的高温稳定性和弹性变形能力,从而保证了罩面的使用耐久性。然而由于其同时具有较高的黏度,也使得混合料的生产、拌和以及摊铺温度较其他种类的超薄罩面混合料高。通常情况下,混合料的生产温度达 180 ℃ 以上,局部甚至高达 190~200 ℃,摊铺以及碾压温度也在 160 ℃ 以上,如此高的生产温度不仅使混合料在生产加工过程中需要耗费较多的能源和资源,更重要的是混合料容易发生短期老化,从而造成性能衰减,降低超薄罩面的使用年限。

为了避免高黏度改性沥青混合料在生产过程中的高温老化问题,一般会在实际生产过程中降低混合料的拌和温度。目前有两种途径可以实现,第一种是通过在高黏度改性沥青当中添加一定量的温拌降黏剂,降低沥青在高温条件下的黏度,提高混合料在较低温度条件下的施工和易性,从而降低混合料的生产拌和温度。

第二种则是通过在普通 SBS 改性沥青当中,添加一定量的高性能沥青添加剂,在既有改性沥青的基础上,实现二次改性,提升沥青的各项性能指标。同时该方法采用的添加剂也可以通过干法拌和实现,因此是一种更为快速高效的手段。

2.1 高黏 SBS 改性沥青添加温拌剂性能研究

2.1.1 高黏 SBS 改性沥青添加温拌剂后的黏度特性

目前具有代表性的高黏度改性沥青为高掺量 SBS 聚合物改性沥青,通常 SBS 掺量在 7.5% 以上,通过添加硫黄等稳定剂,来实现聚合物的稳定,并可减少离析。本研究以 7.5%SBS 高黏度改性沥青为研究对象,高黏改性沥青的基本指标见表 2-1。选取 3 种常用的温拌剂 Sasobit(以下简称 SASO)、聚乙烯蜡和国产 SZ 降黏剂,3 种温拌降黏剂均为蜡质组分,通过利用蜡质组分在高温条件下的润滑作用,从而降低沥青在高温条件下的黏度。3 种温拌降黏剂的基本指标见表 2-2。

表 2-1　7.5%SBS 高黏度改性沥青的基本指标

试验项目	单位	测试结果	测试方法
车辙因子 $G^*/\sin\delta$（88 °C）	kPa	≥1.0	T 0628—2011
针入度（25 °C, 100 g, 5 s）	0.1 mm	50.1	T 0604—2011
软化点（$T_{R\&B}$）	°C	97.7	T 0606—2011
延度（5 °C, 5 cm/s）	cm	31	T 0605—2011
闪点	°C	342	T 0611—2011
60 °C 动力黏度	Pa·s	526 300	T 0620—2000
170 °C 黏度	Pa·s	1.64	T 0625—2011
离析,48 h 软化点差	°C	0.5	T 0661—2011
离析,48 h 下部软化点	°C	97.2	T 0661—2011
TFOT 后残留物			
质量变化	%	0.2	T 0609—2011
针入度比（25 °C）	%	76.8	T 0604—2011
延度（5 °C, 5 cm/s）	cm	17	T 0605—2011

表 2-2　3 种温拌降黏剂的基本指标

名称	产地	颜色	状态	软化点/°C
Sasobit	国外	白色	固体颗粒	95.4
聚乙烯蜡	山东青岛	白色	固体颗粒	103.2
SZ	安徽蚌埠	白色	固体粉末	110.8

经过文献调研并结合温拌降黏剂的推荐使用说明,对于改性沥青,一般推荐 3%的掺量,因此在本研究当中,将以外掺 3%的方式添加到高黏沥青,而后测试其黏度变化情况,对其他常规沥青指标,如针入度、软化点等进行测试,并对 TFOT 老化后的指标进行测试,简单评价其短期老化特性。温拌降黏剂添加过程为:首先将高黏沥青加热至 170 °C,而后不断搅拌并添加一定质量的降黏剂,添加完毕后持续搅拌 30 min,即可制备完成。

通过布洛克菲尔德黏度（Brookfield Viscosity）试验来测定沥青在不同温度下的黏度,布氏旋转黏度计如图 2.1 所示。选用 27#转子,相应的样品质量称取

13.5 g，试验从 120 ℃ 开始进行，每上升 10 ℃，测试相应温度下的黏度，待温度升到 190 ℃，停止升温。将沥青在不同温度下的黏度数据绘入对数坐标图中，并以幂函数 $y = ax^b$ 进行拟合，得到相应的黏度-温度曲线。

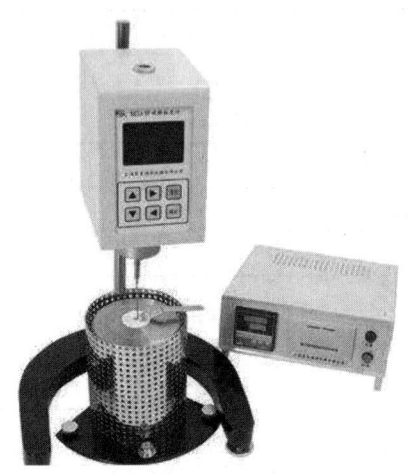

图 2.1　布氏旋转黏度计

7.5%SBS 高黏度改性沥青分别添加 SASO、聚乙烯蜡以及 SZ 后，原样沥青的黏度-温度测试曲线结果如图 2.2 所示。可以发现，在 120 ℃ 条件下，添加降黏剂之后，高黏沥青的黏度均有所增大，而当温度持续升高到 190 ℃ 以后，添加降黏剂的高黏沥青黏度有所降低，说明温拌降黏剂在低温条件下具有一定的增黏作用，而在高温条件下具有降黏作用。观察高温条件下的降黏效果发现，添加聚乙烯蜡后的高黏沥青的黏度略低于原高黏沥青，说明其在高温条件下的降黏效果一般。而 SASO 降黏剂和 SZ 降黏剂在高温条件下两者的黏度-温度曲线比较接近，并且相同温度条件下的黏度明显低于原高黏沥青，说明 SASO 与 SZ 降黏剂对于高黏沥青的降黏效果比较明显。

沥青的黏度-温度曲线反映的是随着温度变化，沥青的黏度变化规律，通过幂函数拟合可以推算出任意温度下沥青的黏度。黏度-温度曲线拟合函数 $y = ax^b$ 中，拟合系数 b 代表的是沥青的黏度随温度变化的敏感程度，由于黏度随着温度的增加逐渐降低，因此拟合系数 b 为负值，并且系数 b 的绝对值越大，说明曲线越缓，即黏度随温度变化越不敏感。观察上述黏度-温度拟合曲线结果图发现，高黏沥青在添加降黏剂之后，其拟合系数 b 的绝对值逐渐增大，说明黏度-温度曲线变缓，沥青的黏度随温度变化的敏感性降低。其中聚乙烯蜡的拟合系

数 b 与原高黏沥青最为接近,说明聚乙烯蜡对高黏沥青的黏度特性改变并不显著,这也与前述分析结果相对应。而 SASO 和 SZ 两种降黏剂对于高黏沥青的黏度随温度变化的敏感性的降低效果比较显著。

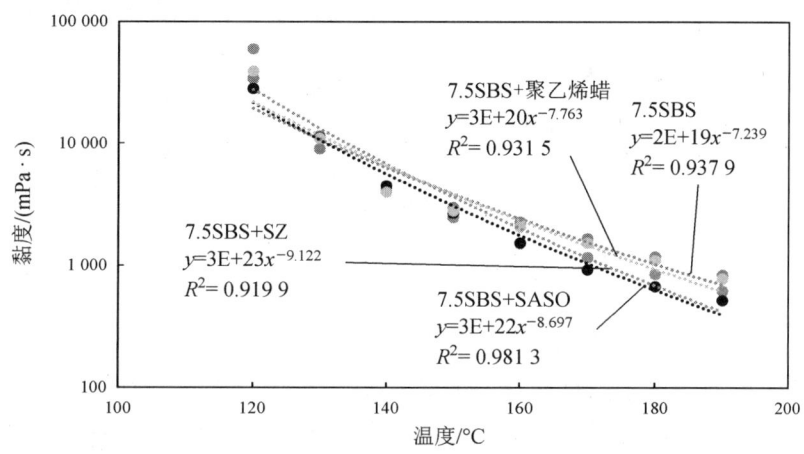

图 2.2 原样高黏沥青添加降黏剂后的黏度-温度曲线

添加温拌降黏剂的高黏沥青老化后的黏度-温度曲线如图 2.3 所示。可以发现在较低温度条件下,高黏沥青+聚乙烯蜡以及高黏沥青的黏度结果比较接近,并且聚乙烯蜡+高黏沥青的黏度-温度曲线一直处于高黏沥青的下方,说明老化后聚乙烯蜡仍然能起到降黏效果。而对于 SZ 和 SASO 两种温拌降黏剂来说,在较低温度条件下,两者的黏度-温度曲线处于高黏沥青的上方,即起到增黏效果,并且观察曲线走势可以发现,从低温升到高温的过程中,添加 SZ 以及 SASO 两种降黏剂的高黏沥青黏度-温度曲线一直处于原高黏沥青的上方,表明老化后 SZ 以及 SASO 不仅没有降黏效果,反而还具有增黏效果。从这个角度来讲,这两种温拌降黏剂的降黏效果并不好。观察几种沥青老化后的黏度-温度曲线,可以发现,随着温度的升高,几种曲线逐渐汇聚,相同温度条件下的黏度差值逐渐减小,并且拟合函数结果显示,添加降黏剂之后,拟合系数 b 的绝对值逐渐增大,黏度-温度曲线仍然是变缓的趋势,即黏度随温度变化的敏感性也在降低。说明老化条件对几种降黏剂对高黏沥青的黏度随温度变化的敏感性改变并不明显。

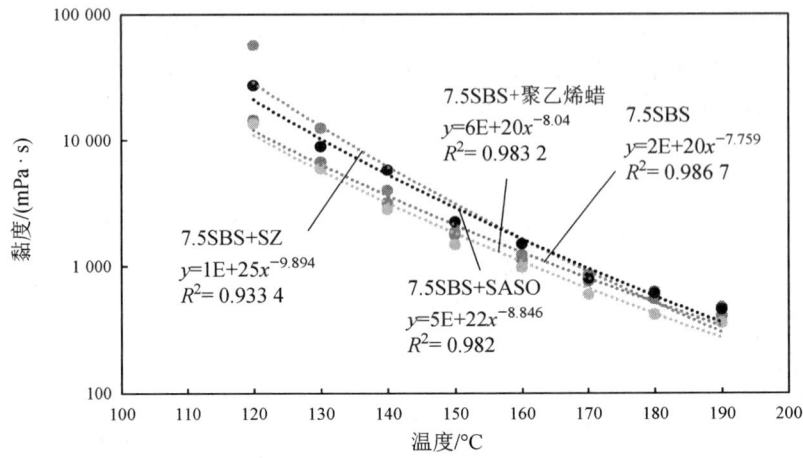

图 2.3　老化后高黏沥青添加降黏剂后的黏度-温度曲线

前述定性地分析了高黏沥青添加降黏剂后在老化前后的黏度随温度变化的情况，实际上降黏剂是通过降低混合料的生产施工温度来实现温拌效果的。而温度降低效果则是从黏度降低来评价，即达到相同黏度对应的温度差值。上述图中给出了老化前后几种沥青的函数拟合结果，理论上则可以通过计算来推导任意温度条件下沥青的黏度，反过来，任意黏度所对应的的温度也可以计算出来。对于高黏改性沥青来讲，一般黏度达到 1.7 Pa·s 即可具有良好的生产施工性能。因此选取 1.7 Pa·s，也就是 1 700 mPa·s 为基准黏度，进行温度反算，并将添加温拌降黏剂后的反算结果，与原高黏沥青反算结果作差，得出降温效果，并以此定量分析几种降黏剂的温拌效果，结果分析如表 2-3 所示。

表 2-3　不同温拌剂降黏效果分析

	项目	黏温曲线拟合关系式	基准黏度/(mPa·s)	温度反算/°C	降温效果/°C
老化前	7.5SBS	$y=2.13E+19x^{-7.239}$, $R^2=0.9379$	1 700	170.8	—
	7.5SBS+SZ	$y=2.52E+23x^{-9.122}$, $R^2=0.9199$	1 700	162.7	-8.1
	7.5SBS+SASO	$y=3.09E+22x^{-8.697}$, $R^2=0.9813$	1 700	167.6	-3.2
	7.5SBS+聚乙烯蜡	$y=3.62E+20x^{-7.736}$, $R^2=0.9315$	1 700	174.3	3.5
老化后	7.5SBS	$y=2.38E+20x^{-7.759}$, $R^2=0.9867$	1 700	161.1	—
	7.5SBS+SZ	$y=1.94E+25x^{-9.894}$, $R^2=0.9334$	1 700	160.6	-0.5
	7.5SBS+SASO	$y=5.04E+22x^{-8.846}$, $R^2=0.9820$	1 700	161.1	0
	7.5SBS+聚乙烯蜡	$y=6.87E+20x^{-8.040}$, $R^2=0.9832$	1 700	154.6	-6.5

上表中数据显示,老化前,在 1 700 mPa·s 基准黏度条件下,国产 SZ 降黏剂对高黏沥青的降黏效果最为明显,降温效果可达 8.1 ℃,而聚乙烯蜡反而还具有一定的增黏效果,即在相同黏度下对应着更高的温度。而老化后结果显示,SZ 以及 SASO 两种降黏剂的降黏效果并不显著,即相同黏度下对应的温度几乎相同,而聚乙烯蜡则显示出较好的降黏效果,降温可达 6.5 ℃,从这个角度来讲,老化条件对温拌降黏剂降黏效果还是有一定的影响的。

2.1.2 高黏 SBS 改性沥青添加温拌剂后的常规性能指标

一般来讲,蜡质温拌剂的与沥青四组分当中的饱和分比较接近,因此温拌剂添加到高黏沥青当中对沥青其他方面的性能指标也会有一定的影响。因此对温拌剂添加前后沥青的常规指标变化情况需要进行研究,包括针入度、软化点、延度以及 60 ℃ 动力黏度指标。

添加不同温拌剂后高黏沥青的针入度测试结果如图 2.4 所示,可以发现,不论是老化前还是老化后,添加降黏剂之后沥青的针入度均出现下降的趋势,这说明温拌剂的添加会使得沥青变硬,由于 3 种温拌降黏剂主要成分为蜡质组分,在常温下为固体颗粒状,而在高温条件下才会呈现出流动状态,因此添加到沥青当中才会降低其针入度指标。观察发现,添加 SZ 和聚乙烯蜡两种温拌剂的高黏沥青针入度比较接近,说明其对沥青的硬化效果比较接近,而 SASO 温拌剂则显著降低了沥青的针入度,降低程度约 40%,然而其老化后的针入度比结果最高,说明其耐老化性能相对其他几种沥青较为突出。

添加不同温拌降黏剂后高黏沥青的软化点测试结果如图 2.5 所示,可以发现,温拌降黏剂添加之后,可以提升沥青的软化点,这与温拌剂通常可以提升沥青的高温性能得出的结论一致。对于老化前,添加 SZ 降黏剂的高黏沥青软化点最高,达 111.3 ℃,而添加 SZ 与聚乙烯蜡的高黏沥青软化点比较接近,这也与前述针入度结果较为类似。TFOT 老化后原高黏沥青和添加 SZ 以及聚乙烯蜡的高黏沥青软化点均上升,这是由于老化后沥青变硬,并且添加 SZ 降黏剂的高黏沥青其老化后软化点提升越高,说明老化条件对其性能的影响更为显著。而添加 SASO 降黏剂的高黏沥青软化点在老化后反而出现下降的现象,这与其他三种沥青变化趋势并不相同,结合前述针入度测试结果可以认为是 SASO 降黏剂对高黏沥青的耐老化效果有一定的提升作用。

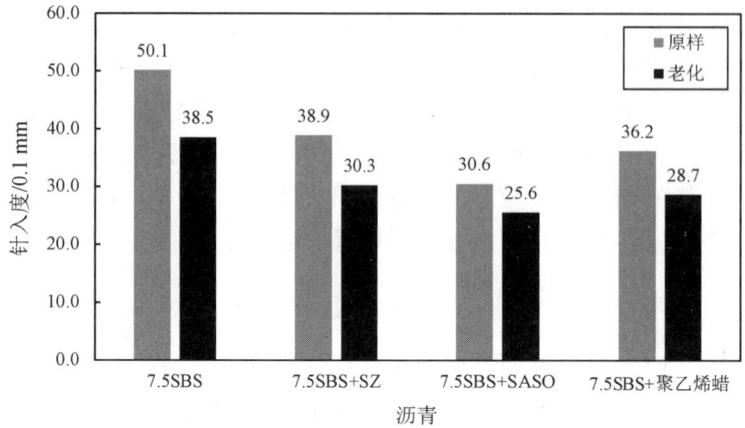

图 2.4 添加温拌降黏剂后高黏沥青的针入度测试结果

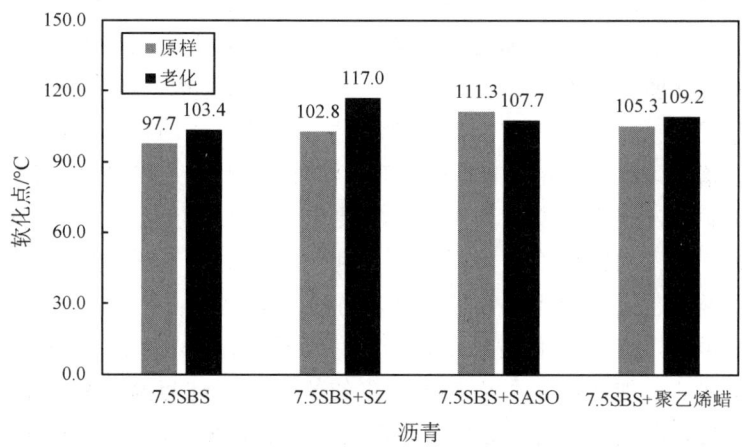

图 2.5 添加不同温拌剂后高黏沥青的软化点

添加不同温拌降黏剂的高黏沥青 5 ℃ 延度测试结果如图 2.6 所示，可以发现：降黏剂添加之后，沥青的 5 ℃ 延度结果变化差异较大；对于 SASO 降黏剂，其老化前后的延度测试结果与原高黏沥青相差不大，说明其低温延展性能几乎不受影响。而对于添加 SZ 以及聚乙烯蜡降黏剂的高黏沥青来讲，其老化前的延度指标相差不大，均低于原高黏沥青的延度。而老化后，添加聚乙烯蜡的高黏沥青的延度结果则要高于其他几种沥青，从这个角度来讲，说明了聚乙烯蜡的加入能提升老化后沥青的低温性能。

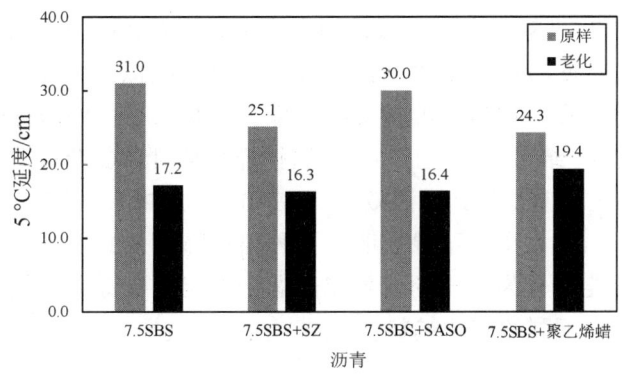

图 2.6 添加不同温拌降黏剂后高黏沥青的 5 ℃ 延度

60 ℃ 动力黏度又称毛细管黏度，通常用来界定高黏沥青。一般来讲，60 ℃ 动力黏度超过 20 000 Pa·s 即可认为是高黏沥青。同时 60 ℃ 动力黏度在一定程度上反映了沥青的高温稳定性，即 60 ℃ 动力黏度越高，沥青的高温性能越好。添加几种温拌降黏剂后高黏沥青的 60 ℃ 黏度测试结果如图 2.7 所示，可以发现几种沥青的 60 ℃ 黏度指标均非常高，并且添加温拌降黏剂之后，其 60 ℃ 动力黏度结果均增大，说明其高温性能得到提升，这也与前述软化点分析部分得出的结论较为一致，即温拌降黏剂可以提升沥青的高温性能。并且，观察发现，添加 SZ 降黏剂的高黏沥青 60 ℃ 动力黏度结果为 580 000 Pa·s，通常情况毛细管黏度测试结果上限即为 580 000 Pa·s，可认为 SZ 对沥青的 60 ℃ 动力黏度提升效果最为显著。相比之下聚乙烯蜡对高黏沥青的 60 ℃ 动力黏度改善效果比较一般，仅提升了约 10%。

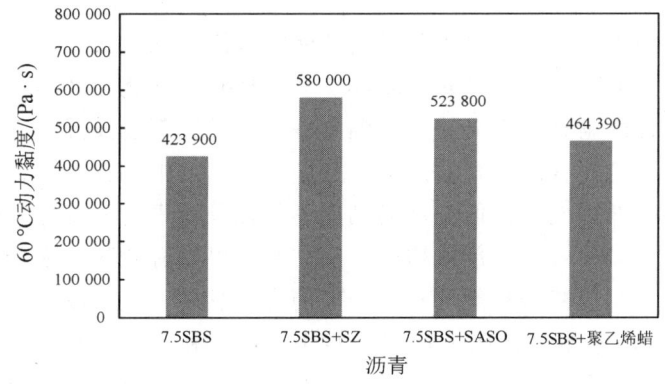

图 2.7 添加不同温拌降黏剂后高黏沥青的 60 ℃ 黏度

前述通过在 7.5%SBS 高黏度改性沥青当中添加 SASO、SZ 以及聚乙烯蜡三种温拌降黏剂来降低沥青的黏度，通过黏度-温度曲线拟合函数来对相同黏度下对应的温度进行反算，评价其温拌降黏效果，并测试了几种沥青的三大指标以及 60 ℃ 动力黏度。结果表明，上述三种温拌降黏剂对高黏沥青的降黏效果并不显著，以相同黏度为基准，其降温效果均在 10 ℃ 以内，并没有达到 30 ℃ 甚至更高的降黏效果。三大指标结果表明，三种温拌降黏剂的加入会使沥青变硬，对沥青的高温性能有较为明显的改善，而老化性能以及低温性能则随着不同降黏剂的变化而出现不同的变化趋势。

2.2 多能效沥青添加剂的使用性能研究

2.2.1 多能效改性沥青添加剂

前述研究是通过在高黏度改性沥青当中添加一定质量的温拌降黏剂来降低高黏沥青在高温条件下的黏度，从而降低混合料的生产施工温度，然而上述研究发现，所选的三种温拌降黏剂的降黏效果并不显著，实际上降温效果均在 10 ℃ 以内。通常来讲，高黏沥青混合料的生产拌和温度在 180 ℃ 以上，而即使添加温拌降黏剂后，混合料的生产拌和温度也仅能达到 170 ℃ 左右，仍然属于较高的温度范围，因此该方案仍然会面临短期老化比较严重的问题。为了解决热拌体系超薄磨耗层混合料生产温度过高的问题，可以参照 SMC 薄层技术，通过在普通 SBS 改性沥青当中添加高性能沥青添加剂对沥青的性能指标进行提升，使其能满足超薄罩面的使用需求，同时使沥青具有普通改性沥青的生产施工温度。

根据以上使用需求，开发了几种高性能沥青添加剂，又称多能效沥青添加剂，代号分别为 KB300、KB450、KB402 和 KB404，如图 2.8 所示。多能效沥青添加剂是一种由高分子聚合物、低温增韧剂、扩容剂以及温拌降黏剂按照特定的比例混合加工而成的沥青添加剂。其中：添加剂中高分子聚合物可有效提升沥青的高温与弹性性能；低温增韧剂能有效提升沥青的低温延展性能；扩容剂有利于几种不同功效改性剂的协同作用，并且可以有效防止聚合物在沥青当中产生离析现象；温拌降黏剂可有效降低沥青的黏度，使得改性后沥青在高温下的黏度也较低，基本具备在 150 ℃ 条件下生产拌和混合料的条件。参照 SMC 现场改性的技术特点，多能效沥青添加剂有两种方式进行改性：第一种是直接将添加剂按照一定的质量投放到沥青存储罐当中，通过循环搅拌的方式，使改性剂融化并且均匀地分散到沥青当中,实现二次改性,这种改性方式对原 SBS 改性沥青性能提升较为显著,而且改性后的沥青性能比较均匀,唯一的缺陷就是对拌和楼沥青存储罐有要求,即具备搅拌和循环的功能。另一种方式则是通过直投式改性,在混合料生产阶段,改性剂预先投放到拌缸当中,与集料进行预先拌和,由于集料经过加热,改性剂在高温下条件下融化,并且随着搅拌均匀地裹附在集料表面,沥青添加之后,与集料表面的改性剂进行混合,实现二次改性。该方法实现起来比较简单,然而需要在沥青添加之前延长干拌时间,这样一来混合料生产能力就有所下降。

图 2.8 KB300、KB450、KB402 与 KB404 多能效沥青添加剂

上述几种多能效沥青添加剂的推荐使用量如下,KB300 与 KB450 推荐掺量为 10%~20%,KB402 与 KB404 推荐掺量为 6%~10%,均通过外掺方式添加。为了评价多能效沥青改性剂的使用效果,选择 I-D 类 SBS 改性沥青作为母体沥青进行研究,通过市场调研发现,金陵 SBS 改性沥青是国内较为常用的 SBS 改性沥青,因此选做本研究用的基础沥青。

2.2.2 多能效沥青添加剂的使用效果评价

1. KB300 的使用效果

以金陵 SBS 改性沥青为基础沥青,将 KB300 添加剂以外掺的形式分别加入金陵 SBS 改性沥青当中，掺量为 10%和 15%，制备过程如下：首先将金陵 SBS 改性沥青加热至 160 ℃，加热过程中持续搅拌并缓慢添加 KB300 添加剂，待所有添加剂添加完毕，持续搅拌 10~15 min 即可制得复合改性沥青，制备完成的改性沥青取样并测试。测试项目包括常规的三大指标、60 ℃ 动力黏度和 135 ℃、150 ℃ 以及 170 ℃ 下的黏度数据。三种不同温度下的黏度结果如图 2.9 所示，三大指标如表 2-4 所示。

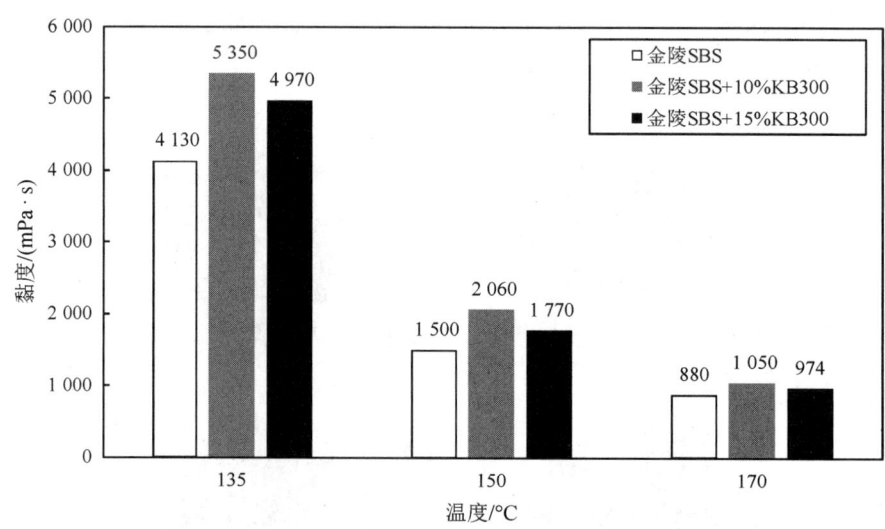

图 2.9　金陵 SBS 改性沥青添加 KB300 后黏度测试结果

根据黏度数据图可知，添加 KB300 后，沥青的黏度有所增加，且随着温度的上升，黏度增加幅度降低，说明添加剂改善了沥青的温度敏感性，即在温度较低时使得沥青的黏度较大，从而更好地发挥性能。而随着 KB300 掺量提升至 15%，沥青的黏度又有所下降，说明随着掺量的增加，沥青的黏度呈现出先增大后降低的趋势，KB300 还具有一定的降黏效果。观察黏度值发现，不论是原金陵 SBS 改性沥青还是添加 KB300 后的改性沥青，在 135 ℃ 条件下沥青的黏度均超过 3 000 mPa·s。也就是说，在此温度条件下，沥青基本不具备生产施工条件，而在 150 ℃ 条件下，沥青的黏度显著下降，黏度值小于 3 000 mPa·s，说明沥青具有良好的流动性，具备生产泵送条件，而在 170 ℃ 条件下，黏度进一步降低，说明此时已完全具备生产条件。

添加 KB300 后的沥青的三大指标与 60 ℃ 动力黏度结果见表 2-4，可以发现：添加 KB300 后，沥青的软化点、针入度和延度均上升，说明 KB300 的加入提升了沥青的高温和低温性能；对于添加 15%KB300 的金陵 SBS 沥青来讲，其软化点超过了 90 ℃，表明其高温性能非常显著，而 5 ℃ 延度也高达 80 cm，说明其低温延展性能得到增强，然而其针入度也超过 100（0.1 mm），说明沥青变得非常软，从这个角度来说，针入度偏大的沥青不一定适用于超薄罩面。而 60 ℃ 动力黏度结果显示，KB300 的加入显著增强了沥青的 60 ℃ 动力黏度，其高温性能优异，并且 10%KB300 掺量的 60 ℃ 动力黏度超过 20 000 Pa·s，已然符合高黏沥青的技术标准，而当掺量从 10% 提升到 15%，其动力黏度提高约 230%，说明 KB300 的加入对沥青的 60 ℃ 动力黏度提升效果非常显著。

表 2-4　金陵 SBS 改性沥青添加 KB300 后三大指标与 60 ℃ 黏度结果

	沥青	软化点/℃	针入度/0.1 mm	5 ℃ 延度/cm	60 ℃ 动力黏度/（Pa·s）
原样	金陵 SBS	75.0	42.8	22.7	2 050
	金陵 SBS+10%KB300	89.7	90.0	72.9	48 620
	金陵 SBS+15%KB300	91.3	106.8	80.1	163 900
老化后	金陵 SBS	79.2	36.9	10.2	3 130
	金陵 SBS+10%KB300	91.3	72.6	36.2	52 310
	金陵 SBS+15%KB300	94.5	82.4	43.7	193 240

老化后的试验结果表明，添加 KB300 后，沥青的高温性能得到进一步的加强，而且低温延伸度均超过了 30 cm，老化后的针入度仍然比较大，在 70～80（0.1 mm），说明 KB300 的加入在一定程度上也能提升沥青的抗老化性能。而关于 KB300 对金陵 SBS 改性沥青的抗老化性能方面的提升，将在后续章节进行进一步的研究分析。

2. KB450 添加效果

KB450 与 KB300 添加剂效果类似，推荐掺量均为 10%～20%。本研究通过外掺 15% 和外掺 20% 两种添加方案，来评价其使用效果，改性剂的添加方式与复合改性沥青的制备方式同 KB300 改性沥青。改性沥青制备完成后取样测试，包括三大指标、60 ℃ 动力黏度以及 135 ℃、150 ℃ 和 170 ℃ 黏度。不同沥青的黏度测试结果如图 2.10 所示。

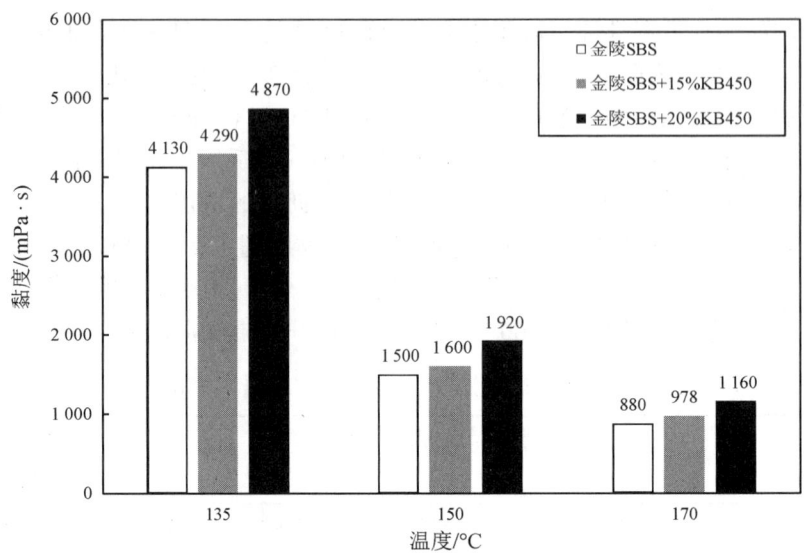

图 2.10 金陵 SBS 改性沥青添加 KB450 后黏度测试结果

从图中可以看出，添加 KB450 后，沥青在 3 种不同温度下的黏度均有所提高，说明 KB450 对金陵 SBS 改性沥青有一定的增黏作用。随着 KB450 添加量的增加，沥青的黏度持续提升，这点与 KB300 有些许差异。当 KB450 添加剂的掺量在 15%时，沥青的黏度相较于基础沥青来说，黏度增加有限，然而当添加剂掺量增加至 20%时，沥青的黏度明显增大，说明添加量过大对沥青的黏度有较大的影响，不利于沥青在较低温度下进行施工。观察黏度值大小发现，虽然 KB450 的加入会增大金陵 SBS 改性沥青的黏度结果，然而在 150 ℃ 条件下，沥青的黏度均小于 2 000 mPa·s，说明沥青的流动性仍然满足泵送的条件，可以在 150 ℃ 条件下进行施工。

KB450 添加剂对金陵 SBS 改性沥青三大指标以及动力黏度改善结果如表 2-5 所示，可以发现，KB450 的加入显著提升了沥青的针入度、软化点与延度结果，同时 60 ℃ 动力黏度也有了显著的提升，其对沥青性能的提升效果与 KB300 类似。软化点结果显示，添加 15%KB450 的改性沥青软化点已然超过 90 ℃，并且 60 ℃ 超过 200 000 Pa·s，远超过高黏沥青的技术标准，说明其高温性能非常优秀，结合前述 150 ℃ 黏度结果发现其高温黏度结果没有明显的增加，仍然具备生产施工的条件，说明 KB450 可以实现在有效改善金陵 SBS 改性沥青的高温性能的基础上，而不增加沥青的黏度，使沥青仍然具备良好的施工泵送条件。

5 ℃延度结果显示 KB450 也能大大提升沥青的低温延展性,这与 KB300 添加剂的改善效果类似。针入度结果表明添加 KB450 之后其针入度均超过 90(0.1 mm),说明沥青变得非常软。老化后的结果表明,其软化点更高,超过了 95 ℃,而 5 ℃延度结果也均大于 40 cm,说明其抗老化性能也非常优异,然而其针入度结果偏大,不一定能满足超薄罩面胶结料的技术要求。

表 2-5 金陵 SBS 改性沥青添加 KB450 后三大指标以及动力黏度测试结果

沥	青	软化点/℃	针入度/0.1 mm	5 ℃延度/cm	60 ℃动力黏度/(Pa·s)
原样	金陵 SBS	75.0	42.8	22.7	2 050
	金陵 SBS+15%KB450	92.6	96.8	80.4	243 780
	金陵 SBS+20%KB450	93.2	110.0	88.8	364 590
老化后	金陵 SBS	79.2	36.9	10.2	3 130
	金陵 SBS+15%KB450	95.3	83.1	47.3	297 690
	金陵 SBS+20%KB450	97.4	85.6	49.7	402 910

从前述 KB300 与 KB450 的添加效果来看,上述两种添加剂均能提升沥青的高温性能与低温性能,在外掺 15% 的情况下,均能使沥青的软化点超过 90 ℃,5 ℃延度结果超过 70 cm,并且其 60 ℃动力黏度均超过 100 000 Pa·s,远超高黏沥青的技术指标要求。然而两种添加剂对沥青的 150 ℃黏度提升并不显著,这也就意味着沥青可以在 150 ℃条件下进行生产泵送,老化结果也显示添加 KB300 与 KB450 之后,沥青的老化后指标也非常好。然而添加剂在改善沥青的高温性能与低温性能的同时,也使沥青变得非常软,其针入度均超过了 90(0.1 mm),从这个角度来看,KB300 与 KB450 不一定能适用于超薄罩面。

3. KB402 添加效果

与 KB300 和 KB450 不同,KB402 的添加量比较低,推荐掺量为 6%~10%,也是通过外掺的方式添加。复合改性沥青制备过程与上述 KB300 添加过程类似,将沥青加热至 160 ℃,而后缓慢添加 KB402,待所有添加剂添加完毕后持续搅拌 10~15 min,即可制得复合改性沥青。将制备好的改性沥青留样,测试其三大指 60 ℃动力黏度以及 135 ℃、150 ℃ 和 170 ℃黏度。本研究评价了外掺 8% 和 10%KB402 的金陵 SBS 改性沥青,添加前后沥青的黏度结果如图 2.11 所示。

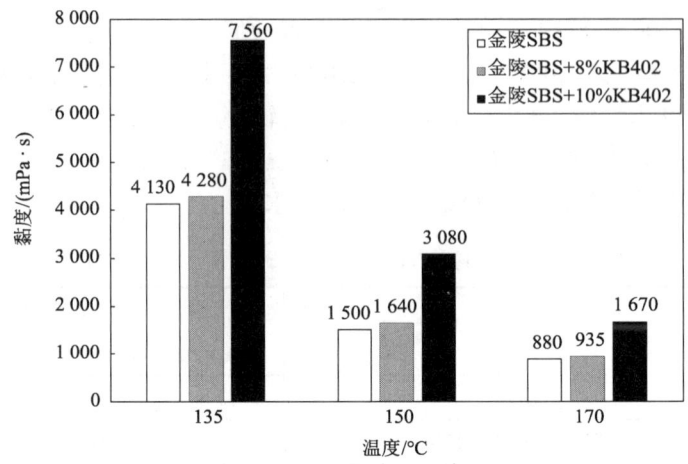

图 2.11 添加 KB402 前后沥青的黏度测试结果

图中列出了金陵 SBS 改性沥青在添加 KB402 前后黏度测试结果,可以发现:当金陵 SBS 改性沥青外掺 8%的 KB402 之后,黏度有所增加,然而增加幅度并不明显,而当 KB402 的掺量提升到 10%时,沥青的黏度显著增大,约为相同温度下母体沥青黏度的 2 倍,说明 KB402 添加剂对沥青的黏度有所提升,而且在掺量为 10%的情况下提升效果更为显著。150 ℃ 条件下的黏度结果显示,对于添加 8%KB402 的沥青来讲,其黏度仅为 1 640 mPa·s,表明其流动性良好,具备施工泵送条件,而添加 10%KB402 的沥青,其 150 ℃ 条件下的黏度超过了 3 000 mPa·s,超过规范当中规定的黏度要求值,已不具备施工泵送条件,而且 170 ℃ 黏度结果也显示添加 10%KB402 的沥青漆黏度较大,约等于 150 ℃ 条件下添加 8%KB402 的改性沥青。因此从黏度角度来考虑,KB402 添加剂的掺量不宜达到 10%。

KB402 添加前后的沥青三大指标以及 60 ℃ 动力黏度结果见表 2-6,可以发现:KB402 添加之后,沥青的软化点有非常显著的提升,均超过了 95 ℃,对于添加 10%KB402 的沥青来讲,软化点超过了 100 ℃,说明其高温性能非常好。针入度结果显示,添加 KB402 前后,沥青的针入度差别并不大,说明添加剂对沥青的软硬情况改善并不显著。5 ℃ 延度结果显示,KB402 的添加能有效改善沥青的低温抗变形能力,并且随着 KB402 添加量的增加,5 ℃ 延度会出现降低的情况,从这个角度来讲,也不推荐 KB402 的添加量也不宜超过 10%。60 ℃ 黏度结果显示,KB402 添加剂能极大地增强沥青的动力黏度指标,并且随着 KB402 添加剂使用量的增加,其动力黏度结果值逐渐增加,也印证了该添加剂对沥青的高温性能有较大的提升。结合前述黏度指标分析结果可以发现，对于 8%KB402 来讲，其对技术沥青的黏度增加并不显著，然而对沥青的高温性能和低温性能均有非常不错的改善效果。而当 KB402 添加量达到 10%时，虽然其高温性能会得到进一步的改善，然而其低温性能会有所降低，更重要的是，其黏度增加量非常大，使得沥青在 150 ℃ 条件下不具备生产泵送的能力。因此综合考虑，添加 8%KB402 的改性沥青是一个优选方案。

表 2-6 添加 KB402 前后沥青的三大指标以及 60 ℃ 动力黏度测试结果

	沥　青	软化点 /℃	针入度 /0.1 mm	5 ℃ 延度 /cm	60 ℃ 动力黏度 /(Pa·s)
原样	金陵 SBS	75.0	42.8	22.7	2 050
	金陵 SBS+8%KB402	96.8	44.8	42.2	438 490
	金陵 SBS+10%KB402	103.0	42.7	33.4	568 300
老化后	金陵 SBS	79.2	36.9	10.2	3 130
	金陵 SBS+8%KB402	100.6	37.6	26.8	469 820
	金陵 SBS+10%KB402	107.3	35.3	18.9	580 000

4. KB404 使用效果

KB404 是与 KB402 比较类似的一种添加剂，推荐添加量也为 6%～10%，本研究仍然选用外掺 8%和 10%两种方案来评价 KB404 的使用效果。根据上述方法制备复合改性沥青并进行性能测试，其中 135 ℃、150 ℃ 以及 170 ℃ 黏度结果如图 2.12 所示。沥青的三大指标以及 60 ℃ 动力黏度测试结果如表 2-7 所示。

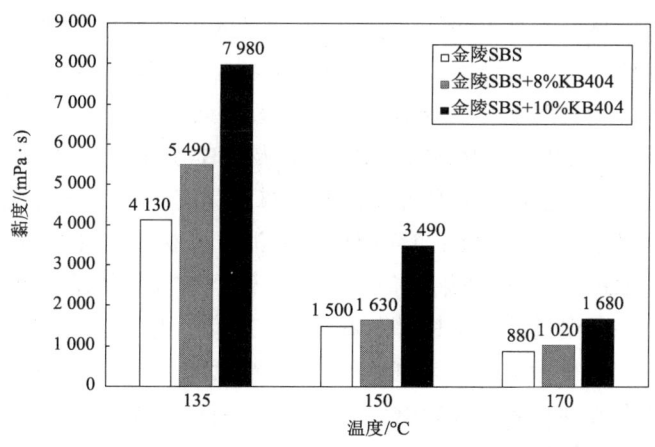

图 2.12 添加 KB404 前后沥青的黏度测试结果

表 2-7 添加 KB404 前后沥青的三大指标和 60 ℃ 动力黏度测试结果

沥青		软化点 /℃	针入度 /0.1 mm	5 ℃ 延度 /cm	60 ℃ 动力黏度 /(Pa·s)
原样	金陵 SBS	75.0	42.8	22.7	2 050
	金陵 SBS+8%KB404	97.1	49.0	42.9	465 490
	金陵 SBS+10%KB404	101.9	43.9	32.7	519 290
老化后	金陵 SBS	79.2	36.9	10.2	3 130
	金陵 SBS+8%KB404	102.1	39.4	31.2	523 980
	金陵 SBS+10%KB404	106.3	35.7	26.4	563 290

添加 KB404 之后，沥青的黏度变化情况如图中所示，可以发现，KB404 添加之后沥青的黏度相应地也会增大，与 KB402 类似，当添加 8%KB404 时，沥青的黏度相较于基础沥青有所提升，而在 135 ℃ 条件下提升效果较为显著，温度越高，提升效果越不明显，在 150 ℃ 条件下，添加 KB404 的改性沥青其黏度仅为 1 630 mPa·s，完全具备生产泵送条件。当 KB404 添加量达到 10%时，沥青的黏度显著增大，在 150 ℃ 条件下，添加 10%KB404 的改性沥青黏度达到了 3 490 mPa·s，说明此时沥青的流动性较差，基本不具备生产泵送的条件，而当沥青温度升至 170 ℃，其黏度则下降到 1 680 mPa·s，此时的沥青流动性良好。

添加 KB404 前后沥青的三大指标以及 60 ℃ 动力黏度结果如表中所示，可以发现 KB404 的添加显著改善了沥青的软化点和动力黏度指标，说明其高温性能得到改善，5 ℃ 延度也有所提高，说明 KB404 也能提升一部分沥青的低温性能，针入度结果显示添加 KB404 之后沥青的针入度结果稍微增大，说明沥青在一定程度上变软。老化后结果显示，添加 KB404 的金陵 SBS 改性沥青其低温延度指标良好，说明其耐老化性能也有一定的改善效果。

前述分析了 KB300，KB450，KB402 以及 KB404 四种多能效沥青添加剂对金陵 SBS 改性沥青的性能改善效果，通过布氏黏度试验，三大指标以及 60 ℃ 动力黏度等测试手段来分析添加剂使用前后沥青指标的变化情况。研究结果显示，KB300 与 KB450 作用效果类似，以上两种添加剂的使用，可以显著提升沥青的高温性能和低温性能，同时对沥青的 60 ℃ 动力黏度也有较大的提升，沥青在高温条件下的黏度也有一定程度的增加，然而增加幅度并不显著，因此添加剂使用后的复合改性沥青在 150 ℃ 条件下仍具有生产施工的能力。然而 KB300 与 KB450 两种添加剂使用后，沥青的针入度结果显著增大，沥青变软，也正因为如此，沥青的低温性能才会变得非常优异，实际上该添加剂在混合料层面上的使用效果如何仍需进一步的研究，因此后续将做混合料试验进行性能验证，掺量统一使用外掺15%。KB402与KB404两种添加剂作用效果也比较类似，可以显著提升沥青的高温性能，包括软化点与60 ℃动力黏度。沥青的低温延度与针入度也有一定程度上的提升，然而增加幅度并不大，从三大指标与动力黏度结果来看，KB402与KB404两种添加剂的性能均比较优秀，然而黏度结果显示，当添加量为8%时，沥青的黏度有小幅增加，沥青在150 ℃条件下仍然具有较好的流动性，而当添加量为10%时，其黏度大幅增加，在150 ℃条件下黏度均超过3 000 mPa·s，因此推荐KB402与KB404两种添加剂的添加量不超过10%。

2.3　多能效沥青添加剂对混合料性能的改善效果研究

上述研究通过在高黏沥青当中添加温拌降黏剂以及在金陵SBS改性沥青当中添加多能效沥青添加剂来实现高性能改性沥青的研发，沥青层面上的测试结果显示，SASO、SZ以及聚乙烯蜡三种温拌降黏剂对高黏沥青的降黏效果并不显著，应用于超薄罩面当中无法实现在较低温度下的生产拌和，而在金陵SBS改性沥青当中添加KB300，KB450，KB402以及KB404四种多能效沥青添加剂，可实现沥青高温性能和低温性能整体提升。考虑到高黏沥青混合料具有良好的路用性能以及使用耐久性，因此可以以高黏沥青混合料技术指标为参照，评价上述四种多能效沥青添加剂对混合料性能指标的改善情况。

研究选取7.5%SBS高黏改性沥青、金陵SBS改性沥青以及分别添加15%KB300、15%KB450、8%KB402、8%KB404复合改性沥青，共6种沥青进行混合料层面上的性能评价。混合料性能包括马歇尔稳定度、残留稳定度、冻融劈裂强度比、肯塔堡飞散损失以及车辙试验，由于高黏沥青大多用于排水路面当中，因此选取OGFC-13混合料为研究对象，更能区分不同沥青在混合料层面上的性能差异。OGFC-13混合料当中集料全部选用玄武岩，油石比为4.9%，混合料级配各档通过率如图2.13所示。

由于高黏沥青黏度较大，因此对于7.5%SBS改性沥青来讲，其混合料拌和以及试件成型温度均为180 ℃，而其他几种沥青则是在150 ℃条件下拌和并成型。考虑到OGFC混合料当中细集料比较少，因此在混合料拌和过程中，添加0.3%质量的纤维，作为增韧剂，同时也起到稳定富余沥青的作用。

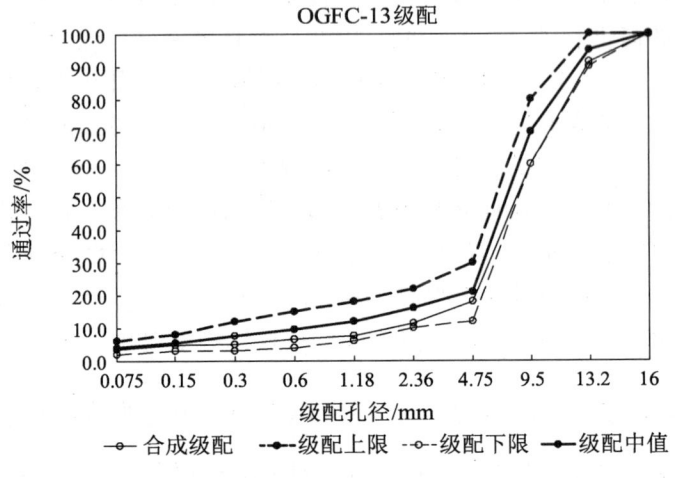

图 2.13　OGFC-13 混合料级配各档通过率

2.3.1　马歇尔稳定度试验

混合料的马歇尔试验参照《公路工程沥青及沥青混合料试验规程》(JTG E20—2011)中 T0709 标准的试验方法，为了评价混合料的水稳定性，在标准马歇尔试验的基础上，增加一组进水马歇尔试验，以残留稳定度来表征混合料的水稳定性。

混合料的标准马歇尔试验结果如图 2.14 所示，可以发现高黏沥青 OGFC-13 混合料的稳定度较大，达 9.12 kN，相比之下，金陵 SBS 改性沥青 OGFC-13 混合料的稳定度则仅为 6.27 kN，主要是由于高黏沥青的高温性能比较好，在 60 ℃水浴养护条件下，沥青几乎不会发生软化。而对于添加 15%KB300 与 15%KB450 的金陵 SBS 改性沥青 OGFC-13 混合料来讲，其稳定度小于原金陵 SBS 改性沥青 OGFC-13 混合料，而前述沥青试验表明，添加 KB300 与 KB450 之后沥青的软化点升高，而针入度增加也比较明显，因此马歇尔稳定度的增加不仅与高温性能提升有关，同时也与沥青的软硬有关。对于 KB402 与 KB404 两种添加剂来讲，其马歇尔稳定度增加较为显著，均高于高黏改性沥青，这说明这两种添加剂在混合料层面上的使用性能完全达到甚至超过高黏沥青的技术标准。

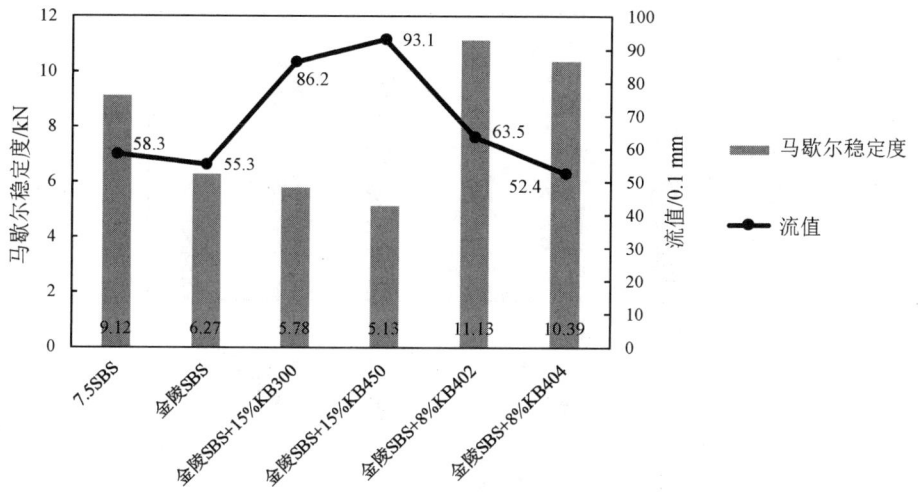

图 2.14 混合料的标准马歇尔试验结果

2.3.2 残留稳定度试验

残留稳定度是通过试件在 60 ℃ 水浴中浸水 48 h 的稳定度与标准试验稳定度的比值来得到的，表征的是试件在 60 ℃ 水浴中的水稳定性，结果越大，表明混合料的水稳定性能越好。不同沥青 OGFC-13 混合料的残留稳定度结果如图 2.15 所示，可以发现，几种沥青混合料的残留稳定度均超过了 80%，说明其水稳定性能均能满足规范要求。对于高黏改性沥青，其残留稳定度超过了 90%，而金陵 SBS+15%KB450 和金陵 SBS+8%KB402 两种沥青的 OGFC-13 混合料，其残留稳定度均超过了高黏沥青 OGFC-13 混合料，说明其水稳定性能优于高黏沥青。前述沥青试验结果表明，KB300 与 KB450 添加剂对沥青的性能提升比较类似，而 KB402 与 KB404 添加剂也比较类似，然而从残留稳定度上面来看，其水稳定性能存在着较大的差异，即 KB450 添加剂对混合料水稳定性能的提升效果要显著优于 KB300，而 KB402 对 OGFC-13 混合料的水稳定性能提升效果要显著优于 KB404 添加剂。从残留稳定度角度来考虑，KB450 和 KB402 则可作为优选的技术方案，而考虑到 KB450 添加剂对混合料的马歇尔稳定度改善效果并不显著，则可选取 KB402 作为优选的技术方案。

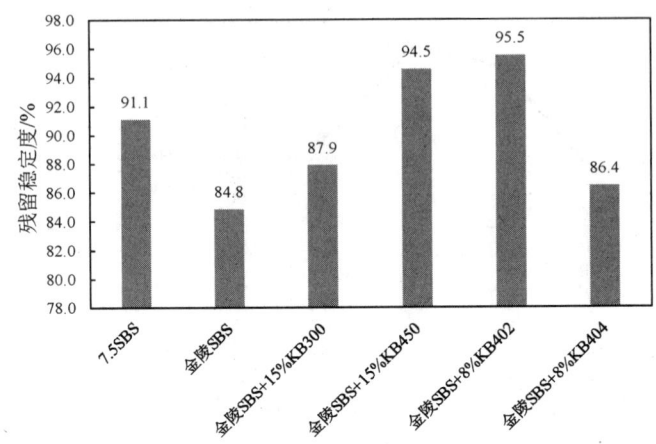

图 2.15 混合料的残留稳定度试验结果

2.3.3 冻融劈裂试验

混合料的冻融劈裂试验参照《公路工程沥青及沥青混合料试验规程》(JTG E20—2011)中 T0729 标准的试验方法,劈裂强度也反映了混合料的水稳定性,而且在 OGFC 混合料的设计规范中也提到冻融劈裂强度比值大于 80%的要求。不同沥青 OGFC-13 混合料的冻融劈裂强度结果如图 2.16 所示,结果表明,除了金陵 SBS 改性沥青,其余几种沥青的冻融劈裂强度比均超过 80%,满足规范要求,而且金陵 SBS 改性沥青在添加 KB450 与 KB402 两种添加剂之后的劈裂强度比值,均超过高黏沥青,说明其水稳定性能要优于高黏沥青,这也与上述残留稳定度得到的结论较为一致。而且观察劈裂强度结果可以发现,对于金陵 SBS 改性沥青以及添加 KB300 与 KB450 两种添加剂的沥青来讲,其劈裂强度值较小,这是由于金陵 SBS 改性沥青本身性能相对较差,而且添加 KB300 与 KB450 两种添加剂之后,沥青针入度变大,沥青变软,因此混合料也呈现出比较软的一种状态。而添加 KB402 和 KB404 两种添加剂的金陵 SBS 改性沥青,其沥青性能指标与高黏沥青比较接近,因此劈裂强度结果也较大。

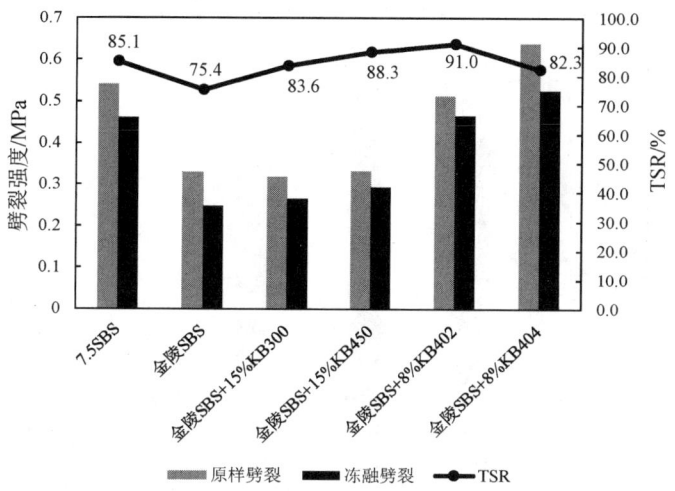

图 2.16 混合料的冻融劈裂试验结果

2.3.4 肯塔堡飞散试验

混合料的肯塔堡飞散试验参照《公路工程沥青及沥青混合料试验规程》(JTG E20—2011)中 T0733 标准的试验方法。飞散试验反映的是混合料的抗松散性能，而松散病害是 OGFC 混合料以及超薄罩面最为常见的问题。抗松散性能能体现沥青的黏附性，也是耐久性最直接的体现。不同沥青 OGFC-13 混合料的飞散试验结果如图 2.17 所示。

图中结果显示，高黏沥青 OGFC-13 混合料的飞散损失仅为 5.4%，远低于 OGFC 混合料飞散损失小于 20% 的规范要求，说明其抗松散性能非常优异。而金陵 SBS 改性沥青 OGFC-13 混合料的飞散损失为 11.3%，约为高黏沥青 OGFC-13 混合料的 2 倍，而且对于 KB300 与 KB450 两种添加剂来讲，其对金陵 SBS 改性沥青 OGFC-13 混合料的抗松散性能提升并不显著，KB300 添加剂甚至还对混合料的抗松散性能有损伤，由于肯塔堡飞散损失反映的是沥青与集料之间的黏结性能，KB300 与 KB450 两种添加剂对沥青的黏结性能改善并不显著。另外，沥青指标试验部分提到，KB300 与 KB450 两种添加剂添加到沥青当中会使沥青变软，这也有可能是造成 OGFC-13 混合料飞散损失偏大的原因。而 KB402 和 KB404 两种添加剂对混合料的抗松散性能有较大的提升，而沥青指标试验显示上述两种添加剂在同样提升沥青的高温性能的基础上，并不会使沥青变软，因此可以认为较软的沥青对混合料的抗松散性能不利。

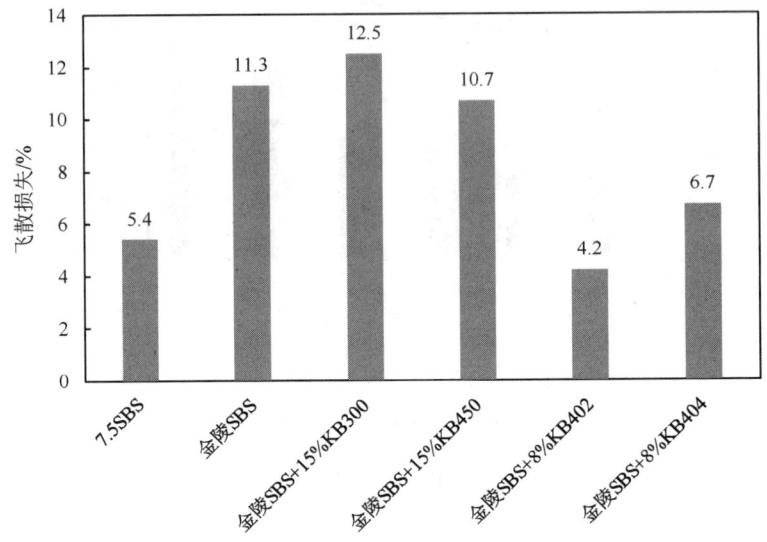

图2.17 混合料的飞散试验结果

2.3.5 车辙试验

混合料的车辙试验参照《公路工程沥青及沥青混合料试验规程》（JTG E20—2011）中T0719标准的试验方法，试验在60 ℃条件下进行。不同沥青OGFC-13混合料车辙试验结果如图2.18所示。对于高黏沥青来讲，其动稳定度超过6 000次/mm，超过改性沥青要求的车辙大于3 000次/mm的规范要求。而对于金陵SBS改性沥青以及添加KB300和KB450添加剂的改性沥青，其动稳定度均低于高黏沥青，这是由于金陵SBS改性沥青本身的高温性能较差，软化点仅为75 ℃，而且添加KB300和KB450之后，沥青的针入度变大，沥青变软，因此其动稳定度结果出现下降。相对来说，KB402和KB404也能使沥青高温性能得到提升，同时对沥青的针入度结果改变并不明显，因此混合料在60 ℃条件下的抗车辙性能得到提升，并且金陵SBS改性沥青在添加KB402和KB404两种添加剂之后，其高温抗车辙性能均优于高黏沥青，说明KB402和KB404这两种添加剂对混合料层面上的高温性能提升更为显著。

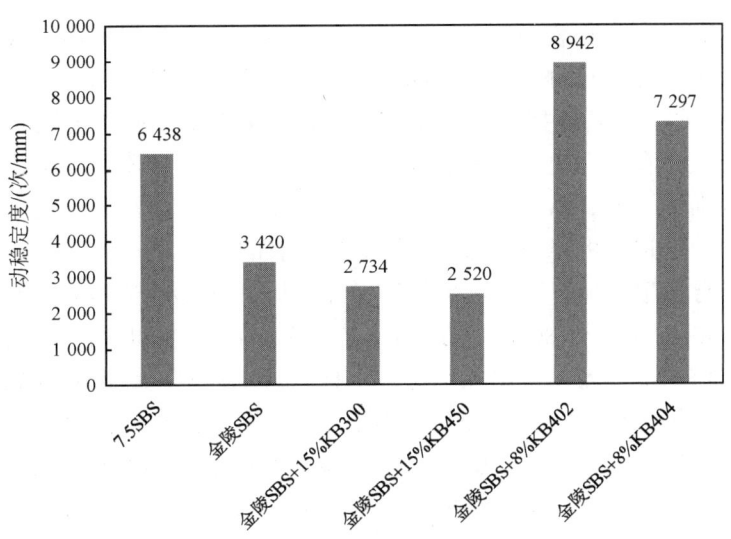

图 2.18　混合料的车辙试验结果

前述通过试验研究了几种沥青在混合料层面上的差异，以高黏沥青 OGFC-13 混合料性能为参照，分析发现 KB300 和 KB450 两种添加剂对混合料性能提升效果并不显著，这与前述沥青层面分析得到的结论稍有出入，即 KB300 和 KB450 可提升沥青的软化点和 60 ℃ 动力黏度。然而车辙试验结果显示上述两种添加剂对混合料的高温抗车辙性能没有提升，而且马歇尔稳定度与劈裂试验结果也表明这两种混合料强度较低，主要是由于沥青的针入度比较大，沥青较软，因此混合料容易发生变形。而 KB402 与 KB404 两种添加剂对混合料的综合性能提升比较显著，包括整体强度、水稳定性、抗松散性能以及高温抗车辙性能，添加 KB402 与 KB404 两种添加剂的 OGFC-13 混合料其性能与高黏沥青 OGFC-13 混合料相当，而在水稳定性方面添加 KB404 的金陵 SBS 改性沥青稍差，综合混合料方面的性能表现，KB402 可作为高性能改性沥青优选的添加剂。

2.4　多能效沥青添加剂的干法拌和效果研究

多能效沥青添加剂的添加方式分为湿法和干法两种。湿法是通过将添加剂按照一定的质量比例，直接加入改性沥青罐当中，而后通过搅拌循环的方式来实现二次改性，这种方式由于添加剂完全融化并均匀混合到沥青当中，可得到性能较为均一的改性沥青，再将二次改性后的沥青以直接添加方式，添加到混合料当中。干法添加则是通过将添加剂与加热后的混合料预先拌和，添加剂融化后均匀地裹附在集料表面,在后需添加沥青搅拌后,集料表面的改性剂与沥青相结合完成改性。相对来说,干法改性比较方便,而且适用于不同工况的拌和楼,对于一些不具备搅拌以及循环功能的沥青存储罐的拌和楼来讲比较适用。然而干拌方式也存在一定的问题,比如干拌时间不够导致添加剂融化后不能均匀地裹附在沥青表面,从而改性效果不充分,因此在室内需要进行干法拌和效果研究,目的就是分析拌和时间对改性效果的影响。

为了充分模拟实际情况,这里将集料温度加热至 180 ℃,通过室内试验,设定 15 s、45 s、90 s、180 s、270 s 和 540 s 几个干拌拌和时间,将集料加入拌和锅后直接添加多能效沥青添加剂进行干拌,待干拌时间结束后按顺序添加沥青与矿粉,分别再拌和 90 s,而后成型混合料试件,进行性能测试。这里主要进行肯塔堡飞散测试、马歇尔稳定度测试和冻融劈裂强度比测试。选取 KB402 添加剂为代表进行研究,掺量选择外掺 8%。不同拌和时间下混合料的飞散试验结果如图 2.19 所示。

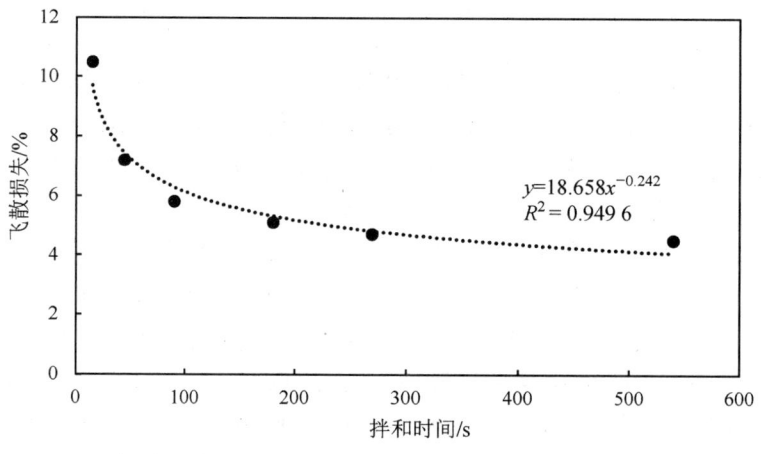

图 2.19　不同干拌时间下混合料的飞散损失结果

图 2.19 结果显示,随着干拌拌和时间的延长,混合料的飞散损失逐渐降低,当拌和时间超过 180 s,飞散损失则降低至比较低的水平,然而仍然高于湿法拌和对应的飞散损失。这是由于干法拌和过程中,存在添加剂融化后裹附不均匀的情况,从而造成改性效果不均匀,因此混合料的抗松散性能稍差,然而可以通过延长拌和时间解决这一问题。研究过程发现,室内拌和 180 ℃ 以上即可达到较好的拌和效果,而实际上混合料生产过程中的搅拌功率比较大,搅拌较为充分,因此搅拌时间会相对较低。

不同干拌时间条件下混合料的马歇尔稳定度以及冻融劈裂强度比结果如图 2.20 所示,可以发现,随着拌和时间的延长,混合料的稳定度以及冻融劈裂强度比结果均呈现出上升的趋势,这也说明了拌和时间越久,混合料性能越好这一技术特点。而当干拌时间超过 180 s,混合料的马歇尔稳定度则超过 9 kN,冻融劈裂强度比超过 85%,表明混合料此时已具有良好的路用性能。虽然延长干拌试件仍能使混合料性能有所提升,然而实际中需要考虑拌和楼的产量与能耗等因素。因此干拌时间不宜过长,对于室内试验研究,推荐使用 180 s 的干拌拌和时间。

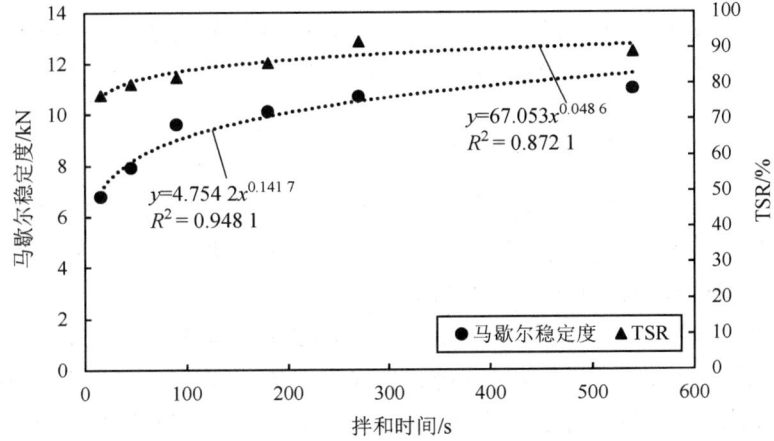

图 2.20 不同干拌时间下混合料的马歇尔稳定度和冻融劈裂强度比结果

第 3 章

高黏沥青的流变和老化性能研究

本章采用 RTFOT 老化和 PAV 老化对试样进行室内加速老化模拟试验，同时对改性沥青的流变性能以及化学成分进行测试，并通过综合比对 7.5%SBS 高黏沥青、金陵 SBS 改性沥青、金陵 SBS+15%KB300、金陵 SBS+15%KB450、金陵 SBS+8%KB402、金陵 SBS+8%KB404 六种沥青，评价其高温和耐老化性能。

3.1 沥青胶结料老化试验

沥青老化试验是为了模拟沥青在工程使用过程中出现的老化。短期老化试验是为了模拟拌和、运输、摊铺等过程中出现的沥青老化，而长期老化试验则模拟道路使用过程中沥青老化的状况。

短期老化采取的方法为旋转薄膜烘箱（Rolling Thin Film Oven，RTFO）试验，按照公路工程沥青与沥青混合料试验规程中 T 0610—2011 标准方法。值得提出的是，对于 RTFO 老化瓶难以清洗的问题，可以采用燃烧炉（马弗炉或测沥青含量用燃烧炉）将老化瓶中的残余沥青烧成灰，如图 3.1 所示。

图 3.1　RTFO 老化瓶燃烧法清洗示意图

长期老化采取的方法为压力老化容器加速沥青老化（Pressure Aging Vessel，PAV）试验，对 RTFO 老化后的样品进行 PAV 老化，按照公路工程沥青与沥青混合料试验规程中 T 0630—2011 标准方法（或 ASTM D6521）操作。

3.2 沥青胶结料试验方法

3.2.1 流变学试验（DSR）

本章主要采用动态剪切流变试验（Dynamic Shear Rheological test，DSR）对沥青的流变性能进行分析。主要采用的 DSR 试验模式有两种，分别是：振荡试验和多重应力蠕变恢复试验。

1. 振荡试验（oscillation test）

利用 DSR 进行振荡试验（oscillation test）主要是为了获取沥青样品在不同温度下的模量（G^*）与相位角（δ），并计算 Superpave 车辙因子 $G^*/\sin\delta$。试验规程参照 AASHTO T315，使用的流变仪为 TA Instruments 制造的 AR1500ex（见图 3.2）。选用 25 mm 转子，间隙为 1 mm。对于原样沥青样品，振荡应变水平为 12%；老化后样品的应变水平则为 10%。试验温度为 40 ℃，46 ℃，52 ℃，58 ℃，64 ℃，70 ℃，76 ℃，82 ℃ 及 88 ℃。至少进行两次平行试验，取平均值作为记录结果。

图 3.2　TA AR1500ex 流变仪

2. 多应力蠕变回复试验（MSCR）

多应力蠕变回复试验（Multiple Stress Creep and Recovery，MSCR）是D'Angelo 在 Bahia 开发的重复蠕变恢复试验（Repeated Creep Recovery Test，RCRT）基础上改进得到的试验方法，主要用来评价沥青胶结料的高温性能以及弹性响应。该试验同样在 AR1500ex 上进行，转子选取，间隙设置与 DSR 振荡试验相同，至少两次平行试验。试验方法参考 ASTM：首先在 0.1 kPa 应力条件下实施 10 次蠕变回复循环周期，紧接着在 3.2 kPa 应力下实施 10 次蠕变回复循环周期（如图 3.3 所示）。

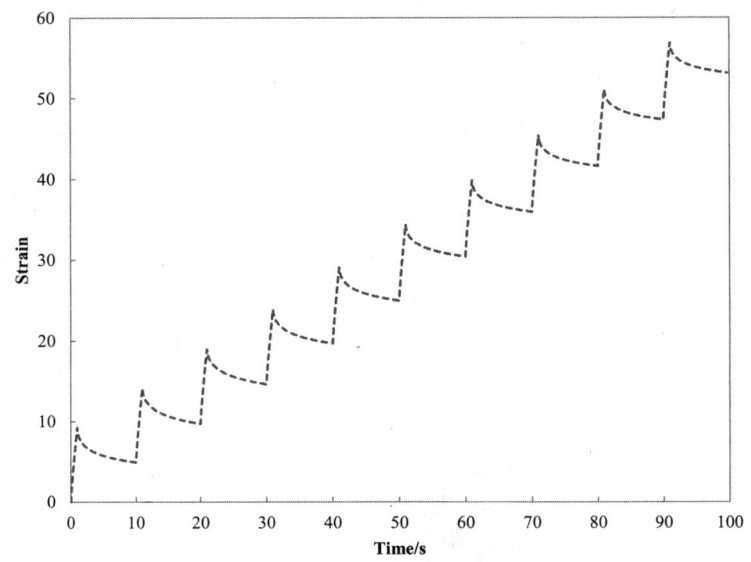

图 3.3　MSCR 试验 10 个蠕变回复周期加载示意图

每个循环周期由 1 s 的蠕变和 9 s 的恢复组成，流变仪自动采集时间-应变数据。图 3.4 给出了一个蠕变回复周期内的应变图，基于应变数据可以计算每个蠕变回复周期内的回复率（$R\%$）和不可回复蠕变柔量（J_{nr}），对 0.1 kPa 应力 10 个周期内的数据取平均值可得到 0.1 kPa 应力水平下的回复率 $R_{0.1}$ 和不可回复蠕变柔量 $J_{nr0.1}$；对 3.2 kPa 应力 10 个周期内的数据取平均值可得到 3.2 kPa 应力水平下的回复率 $R_{3.2}$ 和不可回复蠕变柔量 $J_{nr3.2}$。R 与 J_{nr} 的计算方法分别如公式（3-1）与公式（3-2）：

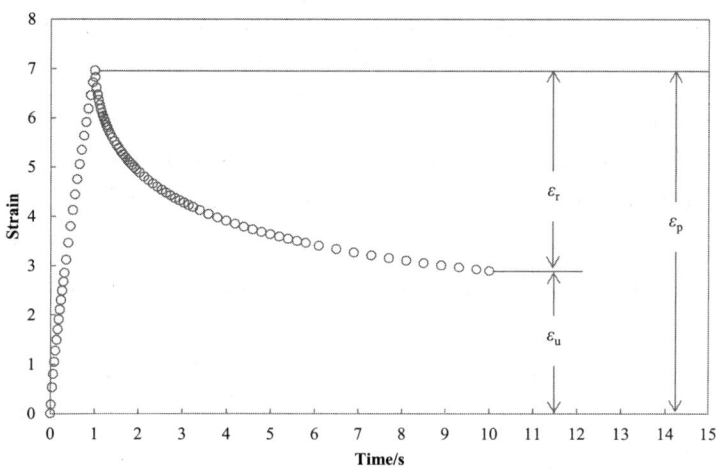

图 3.4 MSCR 试验一个蠕变回复周期加载示意图

$$R\% = \frac{\varepsilon_p - \varepsilon_u}{\varepsilon_p} \times 100\% \qquad (3-1)$$

$$J_{nr} = \frac{\varepsilon_u}{\sigma} \qquad (3-2)$$

式中 ε_p——每个周期内，1 s 处的峰值应变；

ε_u——每个周期内，10 s 处未恢复应变；

σ——蠕变应力。

对于 MSCR 试验在 0.1 kPa 应力条件下的加载循环次数，本文的 MSCR 试验方法沿用了 ASTM 规范，即 0.1 kPa 10 次循环，3.2 kPa 10 次循环。另外需要说明的是，ASTM 规范要求 MSCR 使用 RTFOT 老化后样品进行试验。本章由于涉及多种老化情况，因此会对原样未老化、RTFOT 老化以及 PAV 老化等多种沥青样本进行 MSCR 试验。

3.2.2 红外光谱分析（FTIR）

红外光谱属于分子光谱，其灵敏度高、准确性好、试验速度快，是鉴定分子组成、结构的有力工具，在多行业都得到广泛的应用。在道路工程领域，红外光谱技术被成功地用于分析沥青的改性机理、沥青的老化及再生沥青，近年来有越来越多的研究着眼于红外光谱的定量分析，并与流变性能建立联系。

1. 红外光谱分析的原理

傅里叶变换红外（Fourier Transform Infrared，FTIR）光谱分析的原理在于：使用连续波长的红外光源照射样品，样品中的分子会吸收某些波长的光，从而在红外光谱图中出现吸收峰。若不同结构的分子所吸收光的波长存在差异，则出现不同的吸收峰，可用于定性比较样品的差别或鉴定样品中可能存在分子结构；某一波长的光被吸收得越多，吸收峰越强，以此可以定量比较不同样品之间的差异。

衰减全发射技术（Attenuated Total Reflection，ATR）光谱技术是红外光谱测试中广泛应用的方法，试验前不需要对样品进行任何的处理。其原理在于当一束红外光以一定角度进入晶体并透过晶体照射到样品表面时，红外光中的部分光波将被样品的分子吸收，反射光的强度在相应波长处出现衰减，由此给出反射光谱，如图 3.5 所示。

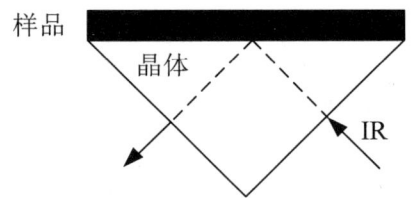

图 3.5　红外光在界面处发生全反射

2. 红外光谱试验与分析方法

本研究选用 Bruker Tensor 27 红外光谱仪，利用全散射 ATR 配件进行红外光谱测试，电脑端使用 OPUS 7.2 红外光谱采集与分析软件、红外光谱试验的简要步骤如下：

（1）首先在不加载样品的情况下，使用 OPUS 软件采集背景光谱。

（2）在 ATR 晶体表面放置约 1 g 的沥青样品，并用上部夹头压薄、固定，使用 OPUS 采集光谱，试验结束后可在软件界面看到当前试验样品的红外光谱图。

（3）使用 OPUS 软件自带的基线校正和归一化功能将原始数据进行校正，如图 3.6 所示。

（4）将原始数据另存为 ASCII 格式（*.dpt）文件，用 Origin 9.1 批量导入导出成 CSV 文件，用于后期的数据处理。

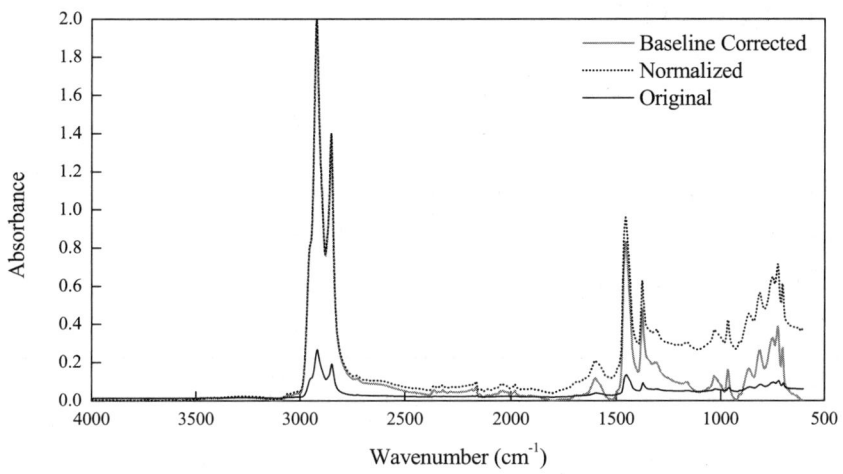

图 3.6 红外光谱图的归一化与基线校正

在图 3.6 中,横坐标为吸光度 A(Absorbance),横坐标为波数(Wavenumber,cm^{-1})。吸光度值 A 在一定范围内与样品的厚度和样品的浓度成正比关系,即吸光度光谱能用于红外光谱的定量分析。特征峰指数一般的计算方法为特征峰的面积除以参考峰的面积,偶尔也采用特征峰的峰高除以参考峰的峰高。在研究老化时,参考峰一般选取受老化影响较小的峰。由于特征峰和参考峰都受到样本厚度、浓度等因素的影响,但只有特征峰受老化影响,两者相除所得到的特征指数便只反映老化的影响。

本章采用传统红外光谱特征指数羰基指数对改性沥青的老化行为进行半定量分析。特征指数计算方法如下。

羰基指数(I_{CA})计算方法:

$$I_{CA} = A_{1700} / A_{1376} \tag{3-3}$$

式中 A_{XXX}——XXX 波数所对应红外吸收峰的吸收面积。

综上,本章的红外光谱半定量分析的步骤可以归纳如下:

- 红外光谱扫描,获得光谱(透射法或 ATR 法)。
- 采用 OPUS 自带程序去除水汽影响,并且对光谱强度进行归一化处理。
- 采用 airPLS 算法进行基线校正。
- 选取特征峰与参考峰,计算特征峰参数。

3.3 结果与讨论

3.3.1 沥青流变性能试验结果

1. 振荡试验结果

分别对 7.5SBS、金陵 SBS、金陵 SBS+15%KB300、金陵 SBS+15%KB450、金陵 SBS+8%KB402、金陵 SBS+8%KB404 六种沥青进行不同温度下的动态剪切流变试验,试验结果汇总如表 3-1 ~ 表 3-3 所示。

表 3-1 老化前动态剪切试验结果

类型	温度/°C	G^*/Pa	δ/(°)	$G^*/\sin\delta$ /kPa	G'/Pa	G''/Pa
7.5SBS	40	114 300	39.04	181.468	88 777.54	71 993.32
	46	77 200	38.40	124.286	60 501.14	47 952.61
	52	52 880	38.69	84.594	41 274.93	33 055.63
	58	35 690	40.19	55.306	27 263.90	23 031.63
	64	24 020	43.63	34.812	17 385.93	16 573.77
	70	14 910	47.77	20.136	10 021.14	11 040.15
	76	9 873	50.06	12.877	6 338.32	7 569.80
	82	6 676	52.08	8.463	4 102.81	5 266.49
	88	4 655	53.85	5.765	2 745.99	3 758.80
金陵 SBS	40	61 150	71.17	64.608	19 736.85	57 877.28
	46	27 990	70.62	29.671	9 287.97	26 404.05
	52	13 760	70.80	14.570	4 525.21	12 994.62
	58	7 009	71.53	7.390	2 220.51	6 647.96
	64	3 719	72.10	3.908	1 143.06	3 538.98
	70	1 981	71.25	2.092	636.77	1 875.87
	76	1 210	69.45	1.292	424.74	1 133.00
	82	777.5	66.12	0.850	314.75	710.94
	88	537.8	61.72	0.611	254.80	473.61
金陵 SBS+15%KB300	40	88 330	66.26	96.495	35 560.50	80 855.67
	46	42 290	65.35	46.530	17 638.06	38 436.22
	52	21 660	64.24	24.050	9 413.49	19 507.48
	58	11 690	63.35	13.080	5 243.42	10 448.09
	64	6 589	63.07	7.390	2 984.17	5 874.49

续表

类型	温度/°C	G^*/Pa	δ/(°)	$G^*/\sin\delta$ /kPa	G'/Pa	G''/Pa
金陵 SBS+ 15%KB300	70	3 573	63.46	3.994	1 596.50	3 196.49
	76	2 172	64.37	2.409	939.52	1 958.29
	82	1 357	65.70	1.489	558.43	1 236.77
	88	876	67.12	0.951	340.51	806.89
金陵 SBS+ 15%KB450	40	157 900	59.89	182.530	79 212.39	136 593.59
	46	82 580	58.30	97.060	43 393.45	70 259.98
	52	44 630	56.70	53.397	24 502.89	37 302.08
	58	25 190	55.76	30.471	14 173.42	20 824.27
	64	14 850	55.71	17.974	8 366.22	12 269.02
	70	8 163	56.67	9.770	4 485.25	6 820.35
	76	5 100	57.22	6.066	2 761.22	4 287.85
	82	3 286	57.76	3.885	1 752.97	2 779.37
	88	2 211	57.96	2.608	1 172.96	1 874.22
金陵 SBS+ 8%KB402	40	109 700	49.20	144.915	71 680.24	83 042.36
	46	65 410	48.54	87.281	43 307.77	49 019.44
	52	40 200	48.52	53.658	26 626.82	30 117.32
	58	25 160	49.12	33.277	16 466.64	19 023.02
	64	15 940	50.30	20.717	10 181.96	12 264.23
	70	9 998	52.39	12.621	6 101.61	7 920.25
	76	5 963	53.83	7.387	3 519.26	4 813.75
	82	3 947	54.52	4.847	2 290.91	3 214.11
	88	2 745	54.48	3.373	1 594.81	2 234.19
金陵 SBS+ 8%KB404	40	91 200	50.54	118.124	57 961.19	70 412.64
	46	50 730	48.65	67.578	33 515.13	38 082.40
	52	32 100	47.32	43.664	21 760.69	23 598.36
	58	20 770	46.78	28.502	14 223.33	15 135.71
	64	13 830	47.20	18.849	9 396.67	10 147.48
	70	8 623	49.80	11.290	5 565.78	6 586.21
	76	5 718	51.74	7.282	3 540.76	4 489.82
	82	3 874	52.89	4.858	2 337.37	3 089.43
	88	2 744	52.58	3.455	1 667.40	2 179.29

表 3-2 RTFOT 老化后动态剪切试验结果

类型	温度/°C	G^*/Pa	δ/(°)	$G^*/\sin\delta$ /kPa	G'/Pa	G''/Pa
7.5SBS	40	127 800	42.85	187.919	93 694.87	86 914.40
	46	81 060	41.54	122.236	60 672.84	53 754.35
	52	47 850	40.57	73.573	36 347.43	31 120.52
	58	27 810	40.22	43.068	21 234.90	17 957.59
	64	16 680	41.18	25.333	12 554.12	10 982.56
	70	8 400	44.01	12.090	6 041.44	5 836.19
	76	4 650	46.19	6.444	3 219.05	3 355.62
	82	3 353	48.68	4.465	2 213.87	2 518.22
	88	2 137	50.87	2.755	1 348.62	1 657.71
金陵 SBS	40	108 700	70.50	115.314	36 284.81	102 465.13
	46	47 600	70.50	50.496	15 889.21	44 869.74
	52	22 150	69.96	23.578	7 590.28	20 808.90
	58	10 770	69.58	11.492	3 757.64	10 093.22
	64	5 563	69.87	5.925	1 914.51	5 223.18
	70	2 888	70.74	3.059	952.62	2 726.36
	76	1 695	71.72	1.785	531.66	1 609.46
	82	985	72.25	1.034	300.35	938.30
	88	594	71.73	0.626	186.34	564.44
金陵 SBS+15%KB300	40	178 200	63.93	198.384	78 313.36	160 069.54
	46	854 400	64.15	94.940	37 253.26	76 890.76
	52	42 370	64.36	46.998	18 334.15	38 197.85
	58	21 930	64.73	24.251	9 361.58	19 831.44
	64	12 000	65.37	13.201	5 001.08	10 908.22
	70	6 359	66.48	6.935	2 537.68	5 830.70
	76	3 621	67.99	3.906	1 357.04	3 357.10
	82	2 110	69.87	2.247	726.16	1 981.11
	88	1 236	72.00	1.300	381.95	1 175.51
金陵 SBS+15%KB450	40	134 500	70.35	142.817	45 228.79	126 667.31
	46	59 490	71.50	62.732	18 876.45	56 415.77
	52	27 660	72.53	28.998	8 303.71	26 384.16

续表

类型	温度/°C	G^*/Pa	$δ$/(°)	$G^*/\sinδ$ /kPa	G'/Pa	G''/Pa
金陵 SBS+ 15%KB450	58	13 340	73.68	13.900	3 748.56	12 802.50
	64	6 831	75.09	7.069	1 757.63	6 601.01
	70	3 146	77.27	3.225	693.24	3 068.67
	76	1 678	78.99	1.709	320.47	1 647.12
	82	925	80.64	0.937	150.41	912.49
	88	528	81.95	0.533	73.90	522.50
金陵 SBS+ 8%KB402	40	113 400	63.45	126.768	50 687.38	101 441.36
	46	56 360	62.72	63.413	25 832.01	50 091.49
	52	29 450	61.81	33.413	13 912.09	25 956.82
	58	16 180	61.09	18.483	7 821.98	14 163.65
	64	8 446	60.89	9.667	4 108.88	7 379.16
	70	4 909	61.44	5.589	2 346.89	4 311.66
	76	2 998	62.43	3.382	1 387.57	2 657.57
	82	1 864	63.98	2.074	817.71	1 675.07
	88	1 190	65.63	1.306	491.03	1 083.97
金陵 SBS+ 8%KB404	40	75 280	57.61	89.150	40 325.95	63 568.05
	46	35 860	64.80	39.632	15 268.45	32 447.10
	52	20 150	68.70	21.627	7 319.51	18 773.58
	58	11 081	73.00	11.587	3 239.77	10 596.81
	64	6 434	74.43	6.679	1 726.99	6 197.89
	70	3 710	77.27	3.803	817.52	3 618.81
	76	1 602	82.22	1.617	216.92	1 587.65
	82	819	84.79	0.822	74.36	815.52
	88	480	87.13	0.481	24.05	479.80

表 3-3　PAV 老化后动态剪切试验结果

类型	温度/°C	G^*/Pa	$δ$/(°)	$G^*/\sinδ$ /kPa	G'/Pa	G''/Pa
7.5SBS	40	103 300	48.08	138.829	69 013.94	76 863.30
	46	53 090	51.00	68.314	33 410.62	41 258.68
	52	31 110	54.31	38.304	18 149.56	25 267.09

续表

类型	温度/°C	G^*/Pa	δ/(°)	$G^*/\sin\delta$ /kPa	G'/Pa	G''/Pa
7.5SBS	58	15 501	58.29	18.221	8 147.48	13 186.75
	64	8 029	63.20	8.995	3 620.10	7 166.57
	70	4 208	69.60	4.490	1 466.79	3 944.08
	76	2 344	73.53	2.444	664.56	2 247.82
	82	1 346	76.57	1.384	312.62	1 309.19
	88	779	78.79	0.794	151.38	763.84
金陵 SBS	40	109 090	70.18	115.959	36 988.66	102 627.54
	46	48 337	71.01	51.119	15 728.93	45 706.04
	52	22 707	71.91	23.888	7 050.86	21 584.88
	58	11 110	73.22	11.604	3 207.42	10 636.89
	64	5 656	75.01	5.855	1 462.94	5 463.57
	70	2 935	77.14	3.010	653.21	2 861.24
	76	1 594	79.29	1.622	296.21	1 566.14
	82	889	81.38	0.899	133.21	878.73
	88	514	83.00	0.518	62.61	509.92
金陵 SBS+15%KB300	40	273 911	54.43	336.746	159 333.44	222 800.97
	46	118 835	57.71	140.574	63 482.18	100 457.69
	52	59 132	60.40	68.007	29 207.67	51 414.80
	58	30 979	63.70	34.555	13 725.68	27 771.81
	64	16 670	66.38	18.194	6 679.22	15 273.59
	70	8 825	68.44	9.489	3 243.08	8 207.83
	76	5 017	70.96	5.308	1 636.79	4 742.83
	82	3 053	73.18	3.190	883.51	2 922.63
	88	1 848	74.96	1.913	479.53	1 784.64
金陵 SBS+15%KB450	40	268 800	51.72	342.424	166 522.96	211 006.03
	46	112 770	53.05	141.111	67 788.06	90 121.32
	52	58 080	55.25	70.687	33 105.41	47 721.25
	58	32 100	57.64	38.002	17 181.12	27 114.93
	64	16 130	60.85	18.469	7 856.89	14 087.10
	70	7 115	67.91	7.679	2 675.69	6 592.72

续表

类型	温度/°C	G^*/Pa	δ/(°)	$G^*/\sin\delta$ /kPa	G'/Pa	G''/Pa
金陵SBS+ 15%KB450	76	4 578	69.81	4.878	1 580.03	4 296.70
	82	2 605	72.02	2.739	804.12	2 477.78
	88	1 491	74.33	1.549	402.71	1 435.58
金陵SBS+ 8%KB402	40	135 690	53.82	168.107	80 101.06	109 524.41
	46	67 200	57.18	79.964	36 422.51	56 473.37
	52	37 340	60.14	43.056	18 590.93	32 382.91
	58	21 913	63.21	24.548	9 876.67	19 560.96
	64	10 770	66.30	11.762	4 328.98	9 861.69
	70	4 781	68.21	5.149	1 774.74	4 439.40
	76	3 249	70.35	3.450	1 092.55	3 059.79
	82	1 858	72.77	1.945	550.36	1 774.62
	88	1 085	75.28	1.122	275.69	1 049.39
金陵SBS+ 8%KB404	40	106 500	71.78	112.121	33 298.98	101 160.41
	46	47 740	73.86	49.699	13 271.02	45 858.34
	52	28 550	72.11	30.001	8 770.29	27 169.55
	58	15 939	74.40	16.549	4 286.31	15 351.85
	64	7 083	76.13	7.296	1 697.94	6 876.48
	70	3 400	79.05	3.463	645.84	3 338.10
	76	1 530	81.85	1.546	216.90	1 514.55
	82	550	85.34	0.552	44.71	548.48
	88	309	87.45	0.310	13.76	308.99

根据表 3-1 所示的试验数据，整理可得 6 种不同沥青不同温度下的复数模量和相位角，如图 3.7、图 3.8 所示。

如图 3.7、图 3.8 所示，相对于金陵 SBS，其他改性沥青的复数模量增大，同时相位角有不同程度降低，这表明沥青材料抗剪切变形的能力增强，高温性能也得到了较为明显的改善。相位角从小到大分别为：7.5SBS＜金陵 SBS+8%KB404＜金陵 SBS+8%KB402＜金陵 SBS+15%KB450＜金陵 SBS+15%KB300＜金陵 SBS。沥青的复数模量顺序与相位角相反，从流变参数看，7.5SBS 高温性能最好，其次为金陵 SBS+8%KB404 和金陵 SBS+8%KB402。

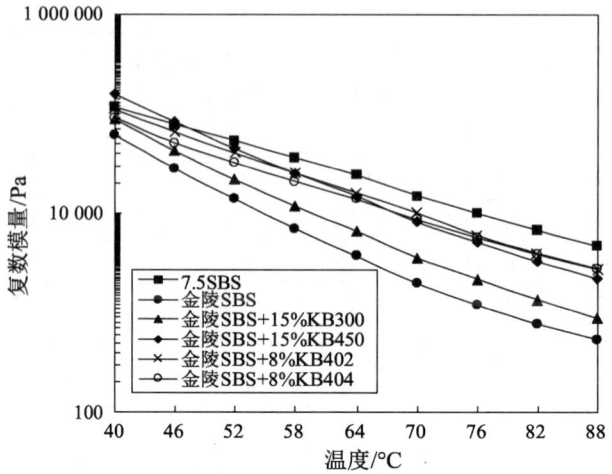

图 3.7 6 种不同改性沥青的复数模量

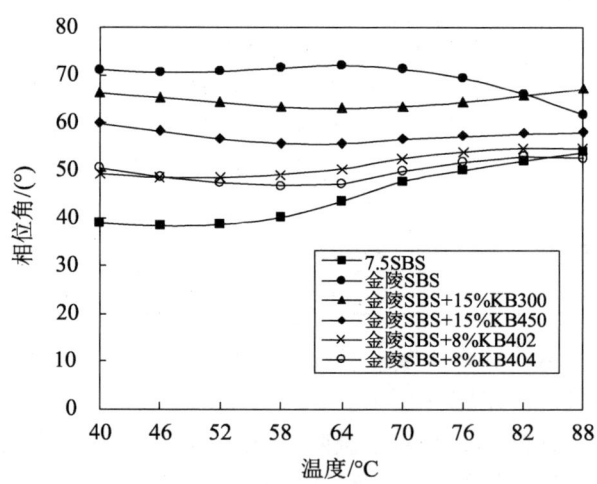

图 3.8 6 种不同改性沥青的相位角

PG 分级：6 种不同改性沥青老化后 PG 分级如表 3-4 所示。

第 3 章 高黏沥青的流变和老化性能研究

表 3-4　各种沥青不同温度下的 $G^*/\sin\delta$（kPa）及 PG 分级

种类		58 °C	64 °C	70 °C	76 °C	82 °C	88 °C	PG 高温等级	
7.5SBS	原样	55.31	34.81	20.14	12.88	8.46	5.76	88	88
	RTFOT	43.07	25.33	12.09	6.44	4.46	2.75	88	
	PAV	18.22	9.00	4.49	2.44	1.38	0.79	—	
金陵 SBS	原样	7.39	3.91	2.09	1.29	0.85	0.61	76	70
	RTFOT	11.49	5.92	3.06	1.79	1.03	0.63	70	
	PAV	11.60	5.86	3.01	1.62	0.90	0.52	—	
金陵 SBS+15%KB300	原样	13.08	7.39	3.99	2.41	1.49	0.95	82	82
	RTFOT	24.25	13.20	6.94	3.91	2.25	1.30	82	
	PAV	34.56	18.19	9.49	5.31	3.19	1.91	—	
金陵 SBS+15%KB450	原样	30.47	17.97	9.77	6.07	3.88	2.61	88	70
	RTFOT	13.90	7.07	3.23	1.71	0.94	0.53	70	
	PAV	38.00	18.47	7.68	4.88	2.74	1.55	—	
金陵 SBS+8%KB402	原样	33.28	20.72	12.62	7.39	4.85	3.37	88	76
	RTFOT	18.48	9.67	5.59	3.38	2.07	1.31	76	
	PAV	24.55	11.76	5.15	3.45	1.95	1.12	—	
金陵 SBS+8%KB404	原样	28.50	18.85	11.29	7.28	4.86	3.46	88	70
	RTFOT	11.59	6.68	3.80	1.62	0.82	0.48	70	
	PAV	16.55	7.30	3.46	1.55	0.55	0.31	—	

从表可以看出，PG 分级的大小依次为：7.5SBS＞金陵 SBS+15%KB300＞金陵 SBS+8%KB402＞金陵 SBS+8%KB404＝金陵 SBS+15%KB450＝金陵 SBS。其中金陵 SBS+8%KB404、金陵 SBS+15%KB450、金陵 SBS 三种沥青在 RTFOT 老化以后降级明显，这是由于老化后，沥青中的 SBS 降解，导致改性沥青黏性提高。

2. 多重应力蠕变恢复试验结果

6 种沥青在第 1 阶段加载应力为 0.1 kPa，70 °C 温度下的试验结果如表 3-5 所示。

表 3-5　未老化沥青在 0.1 kPa 加载应力下，蠕变恢复后的累积应变的试验结果

时间/s	7.5SBS	金陵 SBS	金陵 SBS+15%KB300	金陵 SBS+15%KB450	金陵 SBS+8%KB402	金陵 SBS+8%KB404
1	0.023 277	0.146 960	0.088 176	0.054 177	0.040 962	0.044 533
5	0.005 651	0.068 475	0.041 085	0.014 973	0.010 234	0.009 792
10	0.003 648	0.053 942	0.032 365	0.009 515	0.006 791	0.005 862
11	0.027 628	0.198 670	0.119 202	0.062 450	0.047 687	0.050 452
15	0.008 684	0.116 070	0.069 642	0.021 246	0.015 765	0.014 520
20	0.006 121	0.095 795	0.057 477	0.014 949	0.010 646	0.009 278
21	0.030 421	0.240 770	0.144 462	0.067 636	0.052 095	0.053 834
25	0.011 171	0.155 280	0.093 168	0.026 162	0.019 868	0.017 675
30	0.008 188	0.133 070	0.079 842	0.018 738	0.014 077	0.012 021
31	0.032 520	0.277 390	0.166 434	0.072 438	0.055 099	0.056 506
35	0.013 290	0.190 180	0.114 108	0.029 762	0.022 707	0.019 968
40	0.010 057	0.167 270	0.100 362	0.022 037	0.017 284	0.014 291
41	0.034 250	0.310 660	0.186 396	0.075 960	0.057 561	0.058 671
45	0.015 073	0.222 360	0.133 416	0.032 585	0.024 991	0.021 871
50	0.011 858	0.198 260	0.118 956	0.025 142	0.019 832	0.016 221
51	0.035 795	0.341 730	0.205 038	0.078 762	0.059 633	0.060 444
55	0.016 564	0.252 570	0.151 542	0.035 387	0.026 965	0.023 566
60	0.013 465	0.226 810	0.136 086	0.027 870	0.021 893	0.017 787
61	0.037 239	0.371 170	0.222 702	0.081 200	0.061 552	0.062 049
65	0.017 872	0.281 340	0.168 804	0.038 363	0.028 781	0.025 131
70	0.014 897	0.254 370	0.152 622	0.030 163	0.023 674	0.019 206
71	0.038 656	0.399 200	0.239 520	0.083 544	0.063 497	0.063 426
75	0.019 065	0.308 670	0.185 202	0.041 091	0.030 566	0.026 548
80	0.016 169	0.281 530	0.168 918	0.032 165	0.025 269	0.020 428
81	0.040 016	0.426 070	0.255 642	0.085 855	0.065 458	0.064 677
85	0.020 241	0.334 980	0.200 988	0.043 331	0.032 326	0.027 839
90	0.017 316	0.307 130	0.184 278	0.034 130	0.026 763	0.021 615
91	0.041 358	0.451 700	0.271 020	0.088 143	0.067 198	0.065 925
95	0.021 432	0.360 290	0.216 174	0.045 295	0.034 052	0.029 005
100	0.018 515	0.333 310	0.199 986	0.036 611	0.028 467	0.022 993

6 种沥青在第 2 阶段加载应力为 3.2 kPa，70 ℃ 温度下的试验结果如表 3-6 所示。

表 3-6　未老化沥青在 3.2 kPa 加载应力下，蠕变恢复后的累积应变的试验结果

时间/s	7.5SBS	金陵 SBS	金陵 SBS+15%KB300	金陵 SBS+15%KB450	金陵 SBS+8%KB402	金陵 SBS+8%KB404
1	0.828 950	4.959 800	2.975 880	1.855 800	1.396 100	1.536 900
5	0.230 090	2.474 800	1.484 880	0.539 160	0.384 300	0.378 070
10	0.159 060	2.062 400	1.237 440	0.337 940	0.247 160	0.232 170
11	0.987 880	7.059 900	4.235 940	2.168 300	1.633 600	1.755 600
15	0.364 640	4.582 300	2.749 380	0.794 560	0.580 910	0.555 240
20	0.277 720	4.104 900	2.462 940	0.552 590	0.412 610	0.378 330
21	1.107 600	9.173 500	5.504 100	2.376 700	1.797 100	1.899 200
25	0.474 160	6.747 700	4.048 620	0.981 040	0.729 720	0.682 500
30	0.378 760	6.251 200	3.750 720	0.721 160	0.547 660	0.490 840
31	1.211 600	11.378 000	6.826 800	2.544 400	1.929 100	2.014 400
35	0.571 560	8.983 600	5.390 160	1.137 100	0.855 380	0.786 610
40	0.471 000	8.481 300	5.088 780	0.867 950	0.665 220	0.586 550
41	1.307 600	13.657 000	8.194 200	2.688 700	2.045 600	2.110 200
45	0.661 930	11.279 000	6.767 400	1.275 700	0.967 640	0.876 930
50	0.557 780	10.775 000	6.465 000	1.000 100	0.771 750	0.671 950
51	1.397 700	15.980 000	9.588 000	2.818 800	2.151 400	2.192 400
55	0.748 090	13.612 000	8.167 200	1.402 400	1.070 000	0.957 410
60	0.641 730	13.108 000	7.864 800	1.122 100	0.871 180	0.748 800
61	1.482 100	18.332 000	10.999 200	2.943 200	2.251 200	2.269 900
65	0.830 990	15.971 000	9.582 600	1.521 600	1.166 200	1.031 000
70	0.721 860	15.467 000	9.280 200	1.237 100	0.964 490	0.819 270
71	1.564 900	20.708 000	12.424 800	3.061 300	2.344 900	2.342 100
75	0.910 690	18.350 000	11.010 000	1.635 700	1.257 800	1.100 200
80	0.800 150	17.847 000	10.708 200	1.347 800	1.053 200	0.886 140
81	1.647 100	23.111 000	13.866 600	3.172 200	2.431 100	2.409 000

续表

时间/s	7.5SBS	金陵 SBS	金陵 SBS+15%KB300	金陵 SBS+15%KB450	金陵 SBS+8%KB402	金陵 SBS+8%KB404
85	0.989 340	20.755 000	12.453 000	1.745 700	1.345 200	1.165 700
90	0.877 030	20.251 000	12.150 600	1.456 000	1.139 000	0.949 840
91	1.726 300	25.540 000	15.324 000	3.278 600	2.514 900	2.471 100
95	1.066 700	23.182 000	13.909 200	1.851 800	1.428 700	1.227 600
100	0.957 960	22.701 000	13.620 600	1.571 300	1.230 000	1.018 800

6 种沥青经 RTFOT 老化后在第 1 阶段加载应力为 0.1 kPa，70 ℃ 温度下的试验结果如表 3-7 所示。

表 3-7　经 RTFOT 老化后沥青在 0.1 kPa 加载应力下，蠕变恢复后的累积应变的试验结果

时间/s	7.5SBS	金陵 SBS	金陵 SBS+15%KB300	金陵 SBS+15%KB450	金陵 SBS+8%KB402	金陵 SBS+8%KB404
1	0.021 974	0.096 673	0.077 338	0.249 610	0.646 630	0.106 950
5	0.005 179	0.057 017	0.045 614	0.198 430	0.649 900	0.046 973
10	0.003 521	0.051 764	0.041 411	0.191 270	0.663 810	0.037 743
11	0.025 035	0.147 760	0.118 208	0.438 280	1.311 500	0.143 790
15	0.007 832	0.105 830	0.084 664	0.382 800	1.312 600	0.080 444
20	0.005 842	0.099 286	0.079 429	0.372 070	1.325 500	0.068 296
21	0.027 281	0.194 660	0.155 728	0.618 900	1.974 400	0.173 690
25	0.009 810	0.151 960	0.121 568	0.561 410	1.974 300	0.108 730
30	0.007 681	0.143 990	0.115 192	0.548 620	1.985 200	0.095 458
31	0.029 290	0.239 060	0.191 248	0.795 960	2.632 500	0.200 420
35	0.011 456	0.195 880	0.156 704	0.737 050	2.634 000	0.134 760
40	0.009 253	0.187 410	0.149 928	0.723 650	2.646 500	0.120 420
41	0.031 101	0.282 470	0.225 976	0.970 130	3.294 900	0.225 500
45	0.012 945	0.238 280	0.190 624	0.910 590	3.290 800	0.159 160
50	0.010 625	0.229 750	0.183 800	0.895 280	3.296 600	0.143 730
51	0.032 670	0.324 700	0.259 760	1.141 600	3.944 300	0.248 830
55	0.014 315	0.280 540	0.224 432	1.081 800	3.941 800	0.181 860

续表

时间/s	7.5SBS	金陵SBS	金陵SBS+15%KB300	金陵SBS+15%KB450	金陵SBS+8%KB402	金陵SBS+8%KB404
60	0.011 888	0.271 010	0.216 808	1.066 500	3.949 300	0.165 740
61	0.034 045	0.365 910	0.292 728	1.312 200	4.594 000	0.270 680
65	0.015 631	0.321 520	0.257 216	1.252 100	4.587 700	0.203 130
70	0.013 105	0.311 830	0.249 464	1.236 900	4.589 800	0.187 230
71	0.035 291	0.406 430	0.325 144	1.483 400	5.232 100	0.291 710
75	0.016 901	0.361 420	0.289 136	1.423 100	5.219 000	0.224 440
80	0.014 239	0.351 990	0.281 592	1.407 500	5.218 500	0.207 750
81	0.036 476	0.446 670	0.357 336	1.653 500	5.860 300	0.312 850
85	0.018 108	0.401 840	0.321 472	1.592 100	5.847 000	0.244 920
90	0.015 335	0.391 510	0.313 208	1.575 700	5.845 800	0.227 790
91	0.037 574	0.486 330	0.389 064	1.820 200	6.490 100	0.332 770
95	0.019 262	0.441 660	0.353 328	1.760 900	6.481 100	0.264 450
100	0.016 558	0.431 710	0.345 368	1.745 400	6.481 700	0.248 490

6种沥青经RTFOT老化后在第2阶段加载应力为3.2 kPa,70 ℃温度下的试验结果如表3-8所示。

表3-8 经RTFOT老化后沥青在3.2 kPa加载应力下,蠕变恢复后的累积应变的试验结果

时间/s	7.5SBS	金陵SBS	金陵SBS+15%KB300	金陵SBS+15%KB450	金陵SBS+8%KB402	金陵SBS+8%KB404
1	0.733 570	3.217 000	2.573 600	8.838 800	23.018 000	3.719 900
5	0.175 870	2.011 500	1.609 200	7.765 300	23.090 000	1.834 400
10	0.121 900	1.814 000	1.451 200	7.620 800	23.094 000	1.515 600
11	0.853 650	5.007 000	4.005 600	16.796 000	45.746 000	5.123 400
15	0.277 600	3.734 300	2.987 440	15.843 000	45.809 000	3.141 900
20	0.211 430	3.492 300	2.793 840	15.723 000	45.806 000	2.765 100
21	0.944 230	6.709 200	5.367 360	24.932 000	68.428 000	6.361 600
25	0.359 980	5.423 600	4.338 880	24.024 000	68.509 000	4.368 200
30	0.287 290	5.167 600	4.134 080	23.911 000	68.524 000	3.974 100

续表

时间/s	7.5SBS	金陵 SBS	金陵 SBS+15%KB300	金陵 SBS+15%KB450	金陵 SBS+8%KB402	金陵 SBS+8%KB404
31	1.019 700	8.394 700	6.715 760	33.066 000	91.189 000	7.584 600
35	0.431 740	7.113 500	5.690 800	32.167 000	91.270 000	5.599 200
40	0.354 820	6.855 300	5.484 240	32.057 000	91.284 000	5.201 400
41	1.087 300	10.078 000	8.062 400	41.183 000	113.930 000	8.818 000
45	0.496 340	8.805 800	7.044 640	40.292 000	113.990 000	6.848 100
50	0.416 650	8.550 100	6.840 080	40.184 000	113.990 000	6.450 900
51	1.150 900	11.781 000	9.424 800	49.305 000	136.720 000	10.076 000
55	0.556 670	10.513 000	8.410 400	48.419 000	136.810 000	8.118 800
60	0.474 860	10.261 000	8.208 800	48.317 000	136.830 000	7.722 800
61	1.209 600	13.503 000	10.802 400	57.474 000	159.640 000	11.366 000
65	0.613 630	12.238 000	9.790 400	56.595 000	159.720 000	9.417 200
70	0.529 920	11.990 000	9.592 000	56.502 000	159.740 000	9.024 500
71	1.264 100	15.228 000	12.182 400	65.647 000	182.520 000	12.678 000
75	0.667 410	13.969 000	11.175 200	64.771 000	182.590 000	10.738 000
80	0.582 700	13.723 000	10.978 400	64.677 000	182.590 000	10.347 000
81	1.317 000	16.954 000	13.563 200	73.812 000	205.400 000	14.002 000
85	0.718 830	15.700 000	12.560 000	72.932 000	205.460 000	12.070 000
90	0.632 930	15.458 000	12.366 400	72.830 000	205.460 000	11.681 000
91	1.369 400	18.697 000	14.957 600	81.987 000	228.280 000	15.344 000
95	0.769 020	17.443 000	13.954 400	81.106 000	228.370 000	13.417 000
100	0.685 350	17.212 000	13.769 600	81.005 000	228.380 000	13.045 000

6 种沥青经 PAV 老化后在第 1 阶段加载应力为 0.1 kPa，70 ℃ 温度下的试验结果如表 3-9 所示。

表 3-9　经 PAV 老化后沥青在 0.1 kPa 加载应力下，蠕变恢复后的累积应变的试验结果

时间/s	7.5SBS	金陵 SBS	金陵 SBS+15%KB300	金陵 SBS+15%KB450	金陵 SBS+8%KB402	金陵 SBS+8%KB404
1	0.155 620	0.081 394	0.065 115	0.063 531	0.447 810	0.111 900
5	0.103 130	0.069 860	0.055 888	0.040 330	0.425 630	0.073 719

续表

时间/s	7.5SBS	金陵 SBS	金陵 SBS+15%KB300	金陵 SBS+15%KB450	金陵 SBS+8%KB402	金陵 SBS+8%KB404
10	0.096 726	0.066 985	0.053 588	0.036 249	0.425 680	0.070 066
11	0.250 970	0.148 100	0.118 480	0.099 538	0.874 150	0.181 420
15	0.195 700	0.136 130	0.108 904	0.075 404	0.851 430	0.141 400
20	0.186 790	0.133 110	0.106 488	0.070 265	0.851 380	0.136 080
21	0.340 780	0.214 410	0.171 528	0.133 550	1.300 200	0.246 760
25	0.283 860	0.202 320	0.161 856	0.108 230	1.276 700	0.205 410
30	0.273 670	0.198 680	0.158 944	0.102 720	1.276 000	0.198 870
31	0.427 150	0.280 460	0.224 368	0.165 920	1.725 200	0.308 970
35	0.369 980	0.268 020	0.214 416	0.140 090	1.702 600	0.267 450
40	0.357 660	0.263 880	0.211 104	0.134 350	1.702 900	0.260 490
41	0.511 090	0.346 140	0.276 912	0.197 430	2.150 400	0.370 730
45	0.453 410	0.333 440	0.266 752	0.171 270	2.127 600	0.328 800
50	0.441 550	0.329 370	0.263 496	0.165 020	2.127 000	0.321 570
51	0.594 730	0.411 750	0.329 400	0.227 940	2.574 600	0.432 220
55	0.536 400	0.398 760	0.319 008	0.201 890	2.551 400	0.390 170
60	0.524 520	0.394 650	0.315 720	0.195 210	2.551 100	0.383 400
61	0.677 010	0.477 050	0.381 640	0.257 880	2.999 300	0.493 900
65	0.618 670	0.463 970	0.371 176	0.231 930	2.976 900	0.451 000
70	0.605 340	0.459 840	0.367 872	0.224 780	2.977 500	0.443 560
71	0.758 350	0.542 220	0.433 776	0.287 680	3.427 300	0.554 100
75	0.699 370	0.529 120	0.423 296	0.261 750	3.404 400	0.510 780
80	0.686 870	0.525 060	0.420 048	0.254 610	3.404 700	0.503 210
81	0.840 040	0.607 790	0.486 232	0.317 390	3.853 600	0.613 670
85	0.780 740	0.595 190	0.476 152	0.291 170	3.831 200	0.570 280
90	0.767 040	0.591 580	0.473 264	0.284 360	3.831 000	0.562 560
91	0.919 670	0.675 310	0.540 248	0.347 000	4.279 200	0.673 220
95	0.860 320	0.662 690	0.530 152	0.320 250	4.256 300	0.629 910
100	0.847 690	0.658 950	0.527 160	0.314 200	4.256 300	0.622 960

6 种沥青经 PAV 老化后在第 2 阶段加载应力为 3.2 kPa，70 ℃ 温度下的试验结果如表 3-10 所示。

表 3-10　经 PAV 老化后沥青在 3.2 kPa 加载应力下，蠕变恢复后的累积应变的试验结果

时间/s	7.5SBS	金陵 SBS	金陵 SBS+15%KB300	金陵 SBS+15%KB450	金陵 SBS+8%KB402	金陵 SBS+8%KB404
1	5.570 500	8.413 600	6.730 880	4.645 600	15.967 000	3.783 400
5	4.692 900	8.263 100	6.610 480	3.961 700	15.841 000	2.740 500
10	4.588 400	8.260 000	6.608 000	3.864 500	15.848 000	2.598 500
11	10.306 000	17.678 000	14.142 400	9.251 200	31.941 000	6.344 300
15	9.468 500	17.506 000	14.004 800	8.508 300	31.811 000	5.294 200
20	9.375 200	17.509 000	14.007 200	8.393 700	31.812 000	5.143 000
21	15.193 000	26.543 000	21.234 400	14.369 000	47.975 000	8.937 400
25	14.376 000	26.346 000	21.076 800	13.604 000	47.846 000	7.914 300
30	14.291 000	26.347 000	21.077 600	13.489 000	47.847 000	7.774 100
31	20.151 000	36.794 000	29.435 200	19.748 000	64.017 000	11.595 000
35	19.340 000	36.572 000	29.257 600	18.947 000	63.889 000	10.589 000
40	19.255 000	36.570 000	29.256 000	18.828 000	63.890 000	10.457 000
41	25.153 000	49.964 000	39.971 200	22.970 000	80.086 000	14.278 000
45	24.345 000	49.712 000	39.769 600	22.133 000	79.958 000	13.276 000
50	24.261 000	49.709 000	39.767 200	22.007 000	79.960 000	13.146 000
51	30.213 000	66.463 000	53.170 400	24.964 000	96.224 000	16.958 000
55	29.416 000	66.179 000	52.943 200	24.130 000	96.109 000	15.958 000
60	29.337 000	66.167 000	52.933 600	24.006 000	96.120 000	15.828 000
61	35.310 000	89.920 000	71.936 000	26.863 000	112.400 000	19.640 000
65	34.515 000	89.634 000	71.707 200	26.055 000	112.280 000	18.640 000
70	34.435 000	89.629 000	71.703 200	25.956 000	112.290 000	18.511 000
71	40.419 000	129.190 000	103.352 000	28.776 000	128.530 000	22.335 000
75	39.624 000	129.100 000	103.280 000	27.950 000	128.400 000	21.333 000
80	39.544 000	129.110 000	103.288 000	27.833 000	128.410 000	21.204 000
81	45.560 000	172.950 000	138.360 000	30.646 000	144.660 000	25.037 000

续表

时间/s	7.5SBS	金陵 SBS	金陵 SBS+15%KB300	金陵 SBS+15%KB450	金陵 SBS+8%KB402	金陵 SBS+8%KB404
85	44.767 000	172.910 000	138.328 000	29.823 000	144.540 000	24.034 000
90	44.687 000	172.920 000	138.336 000	29.705 000	144.540 000	23.904 000
91	50.726 000	215.440 000	172.352 000	32.511 000	160.860 000	27.739 000
95	49.942 000	215.420 000	172.336 000	31.693 000	160.730 000	26.735 000
100	49.868 000	215.410 000	172.328 000	31.582 000	160.730 000	26.609 000

根据表 3-5、表 3-6 所示的试验数据，整理可得两种应力水平下的时间-应变图和不可恢复蠕变柔量图，如图 3.9～图 3.15 所示。

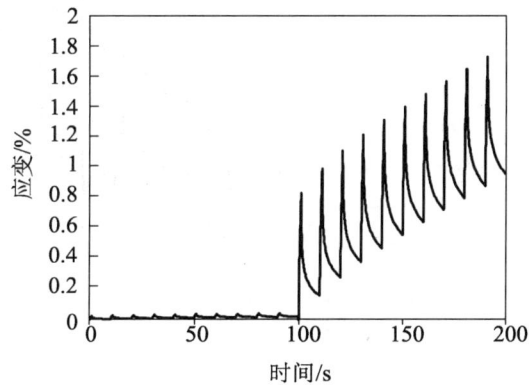

图 3.9　7.5SBS 沥青 70 ℃ 时两种应力水平下的时间-应变图

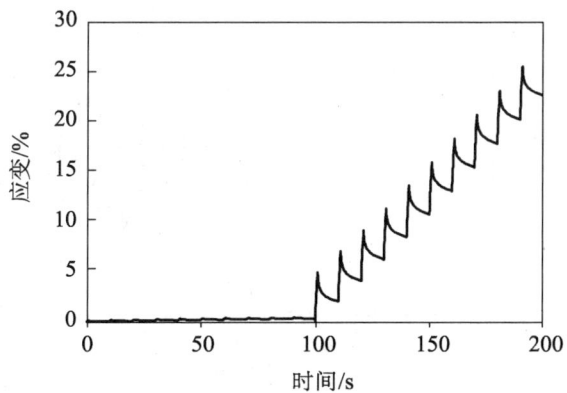

图 3.10　金陵 SBS 沥青在 70 ℃ 时两种应力水平下的时间-应变图

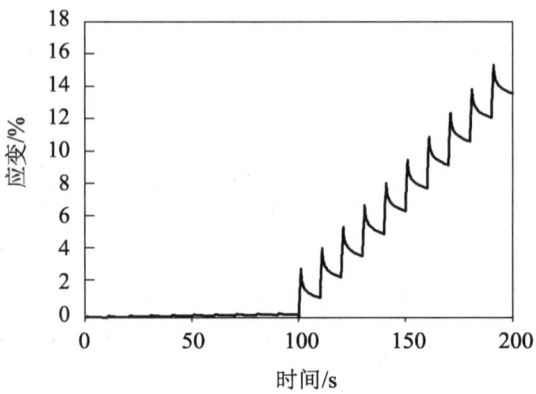

图 3.11 金陵 SBS+15%KB300 沥青在 70 ℃ 时两种应力水平下的时间-应变图

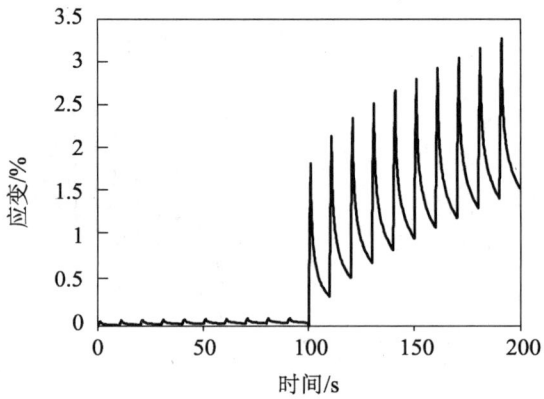

图 3.12 金陵 SBS+15%KB450 沥青在 70 ℃ 时两种应力水平下的时间-应变图

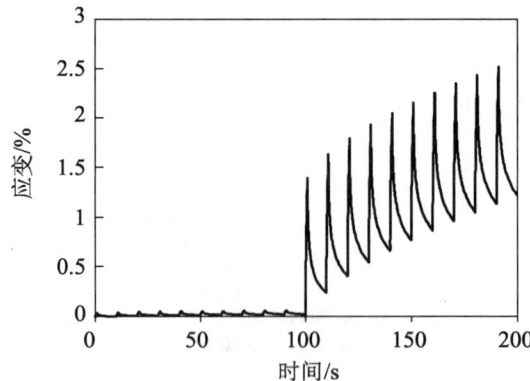

图 3.13 金陵 SBS+8%KB402 沥青在 70 ℃ 时两种应力水平下的时间-应变图

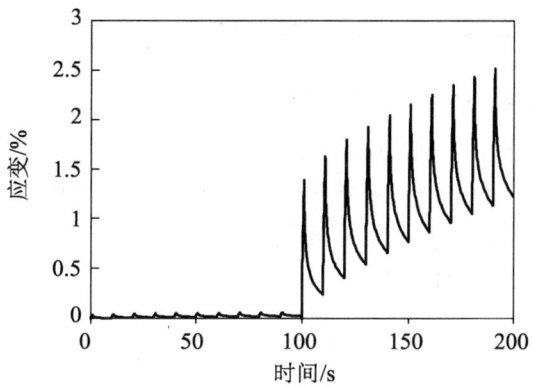

图 3.14 金陵 SBS+8%KB404 沥青在 70 ℃ 时两种应力水平下的时间-应变图

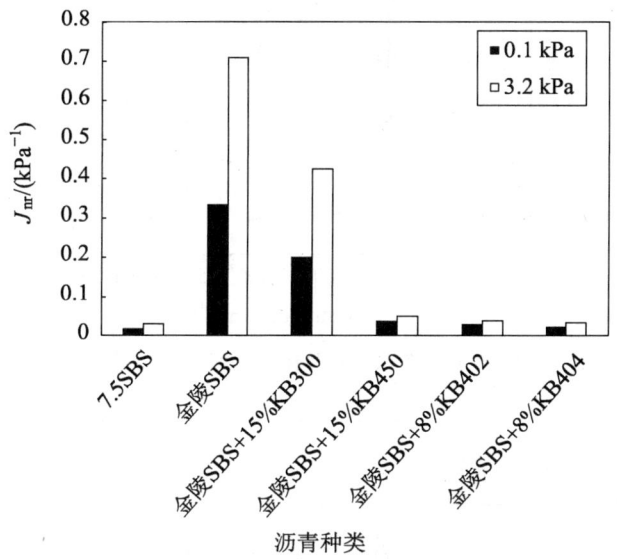

图 3.15 6 种未老化沥青不可恢复蠕变柔量图

从图 3.10～图 3.15 可以看出：6 种沥青样品在 0.1 kPa 和 3.2 kPa 两种应力作用下的多应力重复蠕变试验后不可恢复蠕变柔量大小依次为：7.5SBS＜金陵 SBS+8%KB404＜金陵 SBS+8%KB402＜金陵 SBS+15%KB450＜金陵 SBS+15%KB300＜金陵 SBS。在 3.2 kPa 应力作用下，沥青的累积蠕变应变均更高。随着改性剂的掺入，沥青的 $J_{nr_{0.1}}$ 和 $J_{nr_{3.2}}$ 值均不同程度降低，说明改性剂可以改善沥青的抗变形能力，这与复数模量和相位角的变化规律是一致的，并且 $J_{nr_{0.1}}$ 与 $J_{nr_{3.2}}$ 呈相同趋势。当沥青为 7.5SBS 时，沥青的 $J_{nr_{0.1}}$ 与 $J_{nr_{3.2}}$ 值在 70 ℃ 下均为最小值，说明 7.5SBS 高温性能最好,其次为金陵 SBS+8%KB404 和金陵 SBS+8% KB402。

3.3.2 红外光谱试验结果

在沥青老化过程中,基质沥青通过吸氧发生一系列化学反应,沥青组分的变化成为其结构变化的一个重要体现。对不同老化状态的 6 种沥青进行红外光谱扫描,获得羰基指数,所获红外光谱如图 3.16~图 3.21 所示,对应的老化前后羰基指数如表 3-11 所示。

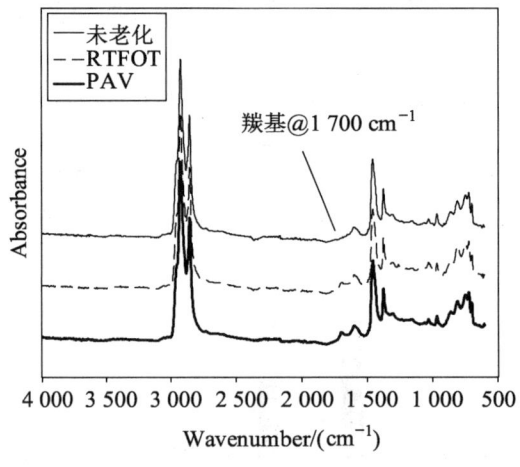

图 3.16 7.5SBS 老化前后红外光谱图

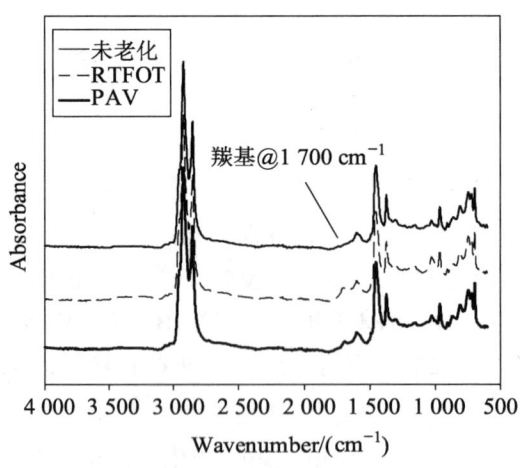

图 3.17 金陵 SBS 老化前后红外光谱图

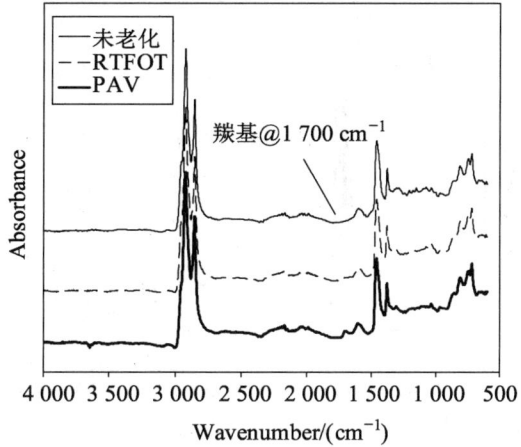

图 3.18 金陵 SBS+15%KB300 老化前后红外光谱图

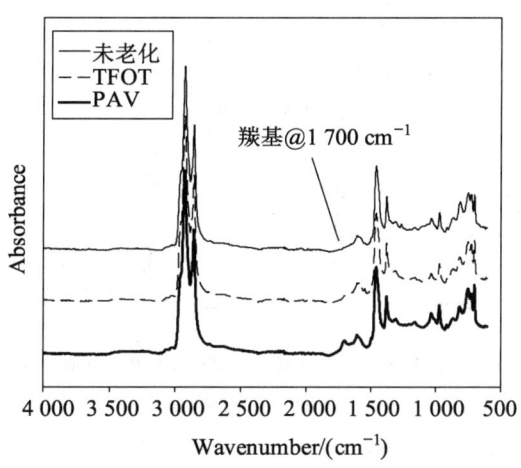

图 3.19 金陵 SBS+15%KB450 老化前后红外光谱图

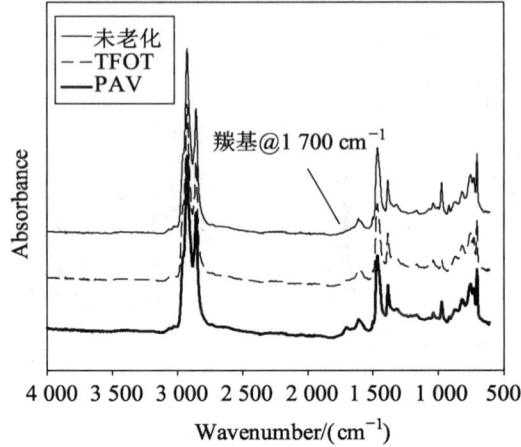

图 3.20 金陵 SBS+8%KB402 老化前后红外光谱图

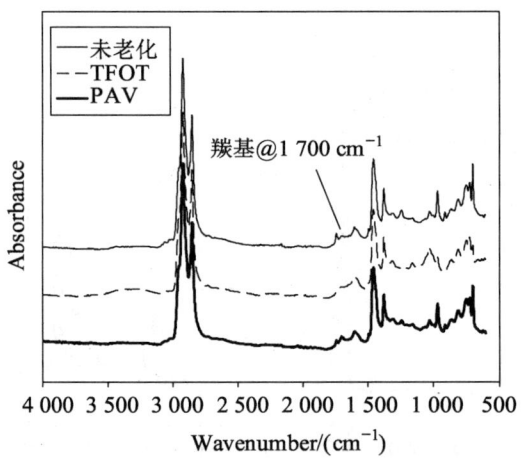

图 3.21 金陵 SBS+8%KB404 老化前后红外光谱图

表 3-11 沥青老化前后羰基指数结果

沥青种类	7.5SBS		金陵 SBS		金陵 SBS+15%KB300		金陵 SBS+15%KB450		金陵 SBS+8%KB402		金陵 SBS+8%KB404	
	I_{CA}	ΔI_{CA}	I_{CA}	ΔI_{CA}	I_{CA}	ΔI_{CA}	I_{CA}	ΔI_{CA}	I_{CA}	ΔI_{CA}	I_{CA}	ΔI_{CA}
未老化	0.050	—	0.034	—	0.012	—	0.034	—	0.063	—	0.004	—
RTFOT	0.538	0.488	0.650	0.616	0.269	0.257	0.250	0.215	0.092	0.029	0.381	0.376
PAV	0.871	0.822	0.981	0.947	0.614	0.602	0.631	0.597	0.552	0.489	0.617	0.613

从表 3-11 可以看出，随着老化方法由 RTFOT 变成 PAV，同一种沥青结合料的 I_{CA} 值增加，PAV 老化后 I_{CA} 值增加更为明显。ΔI_{CA} 是指 I_{CA} 老化后的增长值，沥青老化后的 ΔI_{CA} 值越大，表示沥青老化越严重。经过 RTFOT 和 PAV 老化后，ΔI_{CA} 排序为金陵 SBS+8%KB402<金陵 SBS+15%KB450<金陵 SBS+15%KB300<金陵 SBS+8%KB404<7.5SBS<金陵 SBS，表示金陵 SBS+8%KB402 的抗老化性能最好。

第4章

超薄罩面混合料级配设计与混合料性能研究

前述研究通过室内试验，确定了高性能超薄罩面用沥青胶结料，而超薄罩面在实际的运用当中，级配也是一个很重要的组成部分。首先，对于典型的 1.2 cm 超薄罩面，根据层厚为最大公称粒径的 2.5 倍原则，混合料的最大公称粒径不宜超过 5 mm，这就决定了 1.2 cm 超薄罩面需要采用 3~5 mm 集料作为骨架，而一旦混合料粒径变小，最大的问题就是路面抗滑性能不足，对行车安全造成隐患。为了解决这一问题，需要将超薄罩面混合料设计成开级配方案，从而增大超薄罩面的表面抗滑力，而开级配沥青混合料最大的问题是耐久性不足，体现在混合料性能指标方面主要为松散、水损以及开裂。松散是由于骨料之间的有效接触面积降低，因此黏结效果下降导致的集料从表面脱落。同时，由于超薄罩面位于路面最表层，因此也会经受阳光、雨水的作用，混合料的抗水损性能以及在水热综合作用下的性能表现也至关重要。大多数情况下，路面开裂也是常见病害，公路预防性养护需要治理的病害也包括路面裂缝，因此对超薄罩面混合料的抗开裂能力要求也比较高。

本章内容将从混合料设计层面来研究提升超薄罩面混合料耐久性的方法，通过室内试验，评价不同超薄罩面混合料级配以及油石比条件下的抗松散性能、抗水损性能以及抗开裂性能与混合料级配参数之间的关系，包括孔隙率和沥青膜厚度，用于指导高性能超薄罩面混合料的设计。

4.1 混合料设计方案

4.1.1 原材料基本指标

研究所选用混合料最大公称粒径为 5 mm，所采用的集料为 3~5 mm 玄武岩，0~5 mm 玄武岩，以及石灰岩矿粉，选择石灰岩矿粉主要是由于石灰岩矿粉为碱性石料加工而成，与沥青结合可增强沥青胶浆的黏附性能。集料的筛分结果如表 4-1 所示，集料的密度指标如表 4-2 所示。

表 4-1　原材料的筛分结果

筛网/mm	玄武 3～5 mm	玄武 0～5 mm	矿粉
9.50	99.84	100.00	100.0
4.75	83.39	98.23	100.0
2.36	5.31	67.12	100.0
1.18	2.42	49.94	100.0
0.60	1.46	35.53	100.0
0.30	1.04	26.84	100.0
0.15	0.88	23.14	90.0
0.075	0.69	14.97	80.0

表 4-2　集料的密度指标

集料	表观密度	毛体积密度
玄武 3～5 mm	3.032 4	2.791 0
玄武 0～5 mm	2.643 7	2.643 7
矿粉	2.667 8	2.667 8

4.1.2　级配设计方案

本研究所选级配最大公称粒径为 5 mm，因此级配的关键筛孔为 2.36 mm，可通过控制 2.36 mm 关键筛孔的通过率来控制级配的孔隙率。研究通过控制 2.36 mm 筛孔通过率分别为 13%、19%和 25%，初步拟定 3 种级配，通过率分别如表 4-3 所示。

表 4-3　不同级配的各档筛孔通过率

筛网/mm	级配 1	级配 2	级配 3
9.50	100.0	100.0	100.0
4.75	85.0	86.4	87.9
2.36	13.1	19.3	25.5
1.18	9.7	14.4	19.2
0.60	8.1	11.5	14.9
0.30	7.3	9.9	12.4
0.15	6.4	8.7	10.9
0.075	5.4	6.8	8.2

沥青选用金陵 SBS 改性沥青外掺 8%KB402 的方案，采用湿法拌和，即预先将 KB402 多能效沥青添加剂添加到金陵 SBS 改性沥青当中制成高性能改性沥青，而后拌和混合料。对以上 3 种级配，分别以油石比 5.0%，5.5% 和 6.0% 拌和混合料，在 150 ℃ 条件下拌和并成型混合料试件，通过旋转压实成型。对混合料的体积指标、路用性能以及耐久性进行研究，评价不同级配以及油石比条件下混合料各项指标变化情况。部分混合料试件如图 4.1 所示。

图 4.1　部分混合料试件

4.2　不同级配超薄罩面混合料体积指标研究

混合料体积指标主要包括孔隙率 VV、矿料间隙率 VMA 以及沥青饱和度 VFA。孔隙率是混合料设计中最重要的体积指标，指的是混合料内部空隙占混合料总体积的比例。矿料间隙率 VMA 代表了级配设计过程汇总石料填充的饱和程度，矿料间隙率越低说明合成矿料内部粗集料越多，空隙越大。沥青饱和度是指沥青对矿料间隙的填充程度。此外，由于本课题所研究的超薄罩面混合料采用的是开级配，即 OGFC 级配，而 OGFC 混合料在设计过程中需要考虑沥青膜厚度指标，从而来保证混合料的使用耐久性，因此在体积指标研究部分增加了沥青膜厚度变化研究。

4.2.1 孔隙率 VV

沥青混合料孔隙率通过下列公式进行计算：

$$VV = 100 \times \left(1 - \frac{\gamma_{毛体积}}{\gamma_{最大理论}}\right)$$

由于混合料胶结料为改性沥青，因此混合料最大理论密度通过计算法求得，根据规范《公路工程沥青及沥青混合料试验规程》JTG E20—2011 T0705 测试方法来计算。由于 OGFC 为大孔隙沥青混合料，毛体积密度通过体积法来确定，根据规范中 T0708 测试方法，即试件的质量比上试件体积所得到的密度为开级配混合料的毛体积密度。根据上述公式计算混合料的孔隙率，结果如图 4.2 所示。

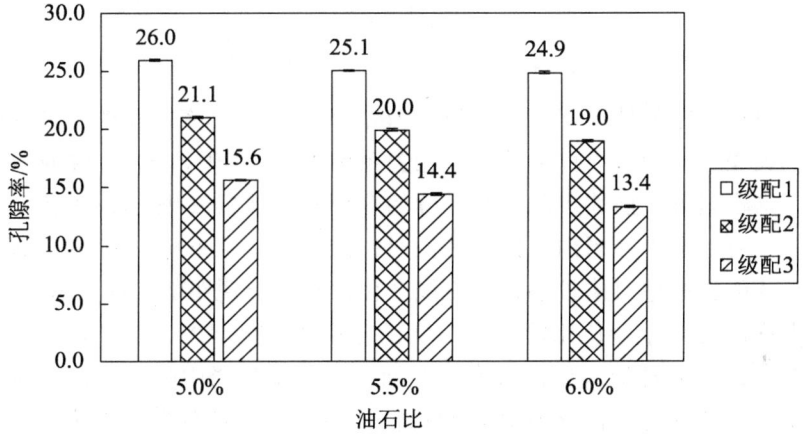

图 4.2 不同级配以及油石比条件下混合料的孔隙率结果

可以发现，不同级配以及油石比条件下混合料的孔隙率不同，图中可以直观地发现，相较于油石比级配差异带来的孔隙率变化更大，上述级配方案从级配 1 到级配 3 是逐渐密实的一个过程，因此孔隙率逐渐减小。对于特定的油石比，随着逐渐密实，混合料孔隙率相差在 5% 左右，而随着油石比的增大，混合料的孔隙率也会有所降低，然而变化幅度较小，混合料油石比从 5% 增加到 6% 的过程中，孔隙率降低约 1%。

在级配方案制订过程中是以 2.36 mm 为关键筛孔，级配 1 到级配 3 中 2.36 mm 筛孔通过率分别为 13%，19% 和 25%。为验证该关键筛孔设定的合理性，在相同油石比条件下，对 3 种不同级配混合料的孔隙率与 2.36 mm 筛孔通过率进行线性相关分析，结果如图 4.3 所示。

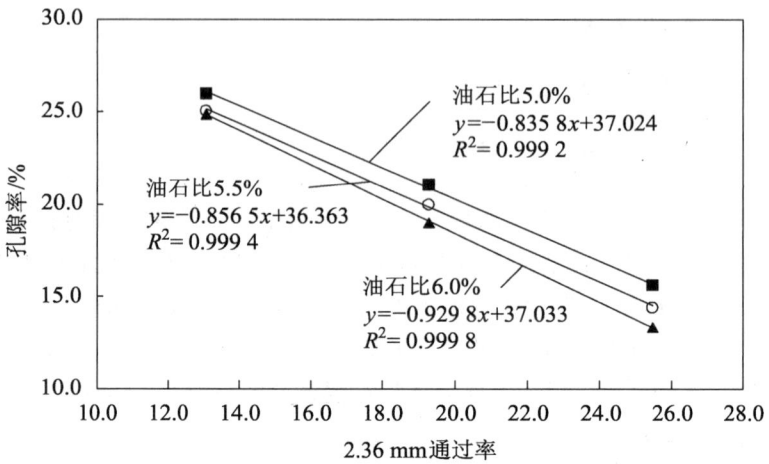

图 4.3 混合料孔隙率与 2.36 mm 筛孔通过率的关系

在油石比确定的情况下,混合料 2.36 mm 筛孔通过率与孔隙率呈现出良好的线性相关关系,拟合线性关系中,相关系数 R^2 均大于 0.999,说明线性相关度很高,这也验证了前述级配方案设置的合理性。观察 3 种油石比条件下的拟合关系式,可以发现:当油石比比较低时,混合料孔隙率与 2.36 mm 筛孔通过率拟合直线的斜率绝对值较小,即直线变化比较缓,说明随筛孔 2.36 mm 通过率变化引起的孔隙率变化比较小;相反,随着油石比增大,所带来的变化也比较大,这是由于沥青加入混合料当中,沥青会与集料当中的部分粉料混合形成沥青胶浆,沥青含量越高,所吸收的粉料越多,从而对混合料的孔隙率影响也就越大。

沥青选用金陵 SBS 改性沥青外掺 8%KB402 的方案,采用湿法拌和,即预先将 KB402 多能效沥青添加剂添加到金陵 SBS 改性沥青当中制成高性能改性沥青,而后拌和混合料。对以上 3 种级配,分别以油石比 5.0%,5.5%和 6.0%拌和混合料,在 150 ℃ 条件下拌和并成型混合料试件,并通过旋转压实成型,对混合料的体积指标、路用性能以及耐久性进行研究,评价不同级配以及油石比条件下混合料各项指标变化情况。

4.2.2 矿料间隙率 VMA

混合料的矿料间隙率,是指混合料当中矿料之外的体积占混合料总体积的百分率,表征了可用 JTG E20—2011《公路工程沥青及沥青混合料试验规程》中 T0705—14 公式进行计算,如下:

$$\text{VMA} = 100 \times \left(1 - \frac{\gamma_{\text{毛体积}}}{\gamma_{\text{合成矿料毛体积}}} \times \frac{P_a}{100}\right)$$

其中，P_a 为混合料当中集料所占的质量比，即 100 减去油石比得到的数值，合成矿料的有效毛体积密度，通过规范 T0705-5 中公式计算。一般来讲，混合料的合成矿料毛体积密度仅与级配相关，与油石比无关，而毛体积相对密度与级配和油石比均有关。

不同级配及油石比条件下混合料的矿料间隙率 VMA 结果如图 4.4 所示，可以发现：VMA 随混合料级配以及油石比的变化趋势与孔隙率比较相似，即级配变化引起 VMA 结果的改变要大于油石比带来的改变，而且同一级配下油石比从 5.0% 增加到 6.0%，VMA 结果几乎不变，这是由于 VMA 主要表征的是矿料级配的结果。对于 3 种不同级配，VMA 结果分别为 35%，31% 和 26%，这一结果可以用来指导 OGFC 薄层混合料设计。

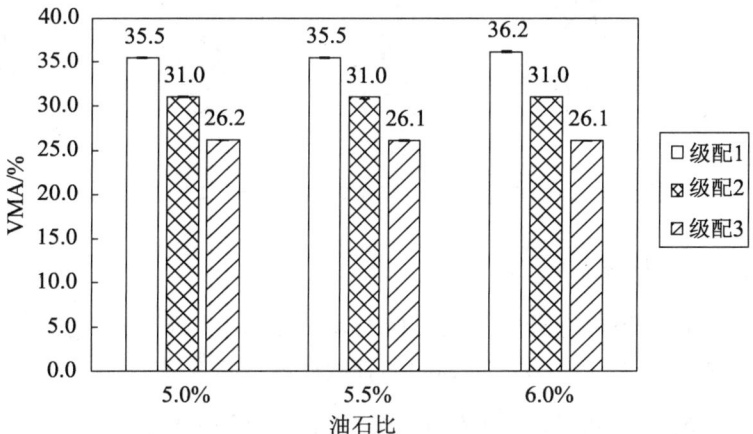

图 4.4 不同级配及油石比条件下混合料的矿料间隙率结果

4.2.3 沥青饱和度 VFA

沥青饱和度 VFA 表征的是混合料当中矿料之间的间隙被沥青填充的比，VFA 可通过规范当中的公式 T0705-15 来计算，如下：

$$\text{VFA} = 100 \times \left(\frac{\text{VMA} - \text{VV}}{\text{VMA}}\right)$$

不同级配及油石比条件下混合料的 VFA 结果如图 4.5 所示，由于 VFA 表征的是沥青对集料内部孔隙填充的比例，因而直观上判断同一级配条件下，矿料之间的间隙基本不变，而油石比越高，沥青填充进矿料间隙越多，VFA 结果越大，图中结果也证明了这点。然而不同级配所带来的差异更多的是由于矿料之间间隙不同带来的，级配不同所带来的矿料间隙率差异较大，因而在相同油石比条件下，混合料的 VFA 也有较大差异。观察 VFA 结果可以发现，随着混合料级配以及油石比变化，VFA 结果从 26%增加到 48%。

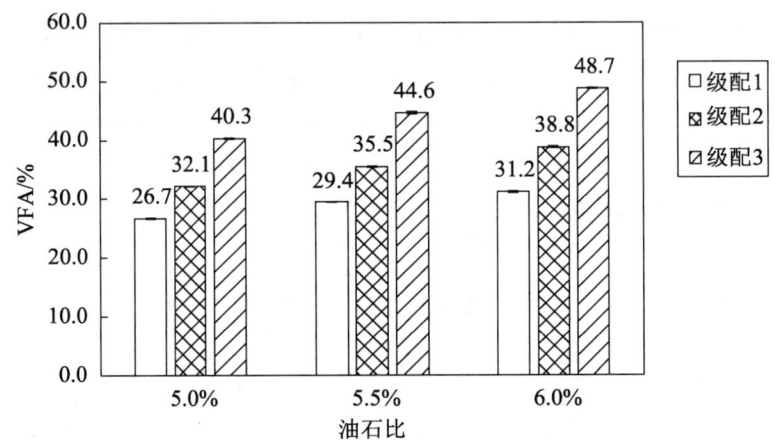

图 4.5 不同级配及油石比条件下混合料的 VFA 结果

4.2.4 沥青膜厚度

混合料的沥青膜厚度计算根据 JTG F40—2004《公路沥青路面施工技术规范》中 OGFC 混合料设计方法提到的沥青膜厚度计算公式，如下：

$$S = (2 + 0.02a + 0.04b + 0.08c + 0.14d + 0.3e + 0.6f + 1.6g) / 48.74$$

$$h = P_b / S$$

式中，S 为混合料中集料的总表面积，a，b，c，d，e，f，g 分别为 4.75 mm，2.36 mm，1.18 mm，0.6 mm，0.3 mm，0.15 mm，0.075 mm 筛网通过率百分数，P_b 为混合料的油石比，h 为沥青膜厚度。

混合料足够的沥青膜厚度是其使用耐久性的保证，因而在混合料设计方面，部分地区设计单位会以这个作为设计指标来进行控制。对于 OGFC 薄层沥青混合料，不同级配及油石比条件下混合料的沥青膜厚度结果如图 4.6 所示。随着油石比增大，同一级配下混合料的沥青膜厚度增加，这是由于级配确定后，混合料中集料的总表面积也随之确定,因而沥青膜厚度与沥青含量成正比。而随着级配由粗变密,混合料中细集料含量增加,根据前述比表面积计算结果可知,细集料对集料比表面积贡献远大于粗集料,因而级配越密,混合料中集料的比表面积越大,相同油石比条件下,沥青膜厚度越薄。

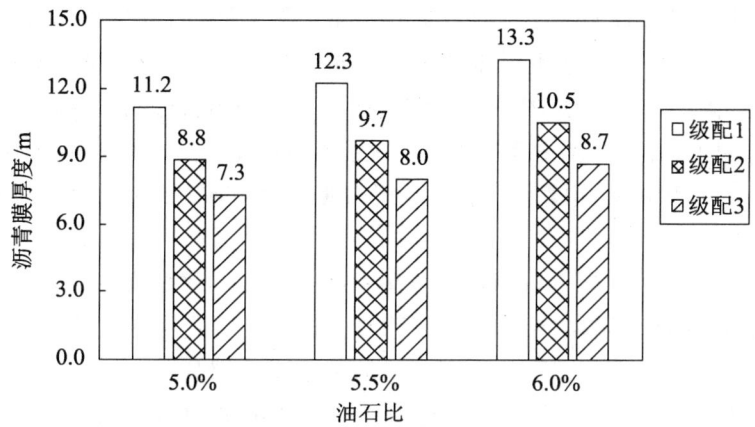

图4.6 不同级配及油石比条件下混合料沥青膜厚度结果

一般情况下,混合料的沥青膜厚度与孔隙率也存在一定的关系,为了量化表征沥青膜厚度与孔隙率的关系,将不同上述所有试验组的沥青膜厚度与孔隙率绘入坐标图中,可以发现两者的关系可以用油石比和级配两个因素进行分别讨论。不同油石比条件下,混合料沥青膜厚度与孔隙率之间的关系如图4.7所示。

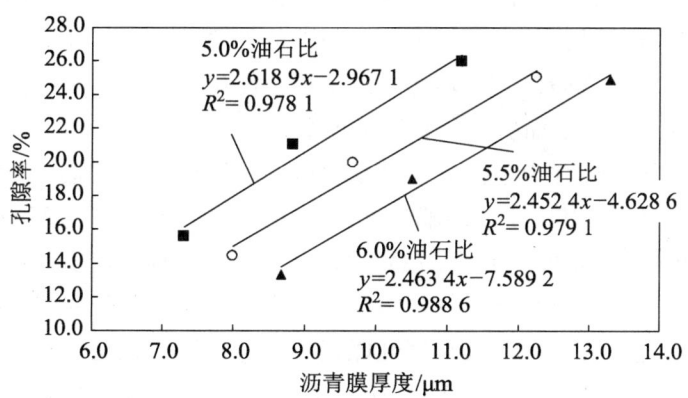

图4.7 沥青膜厚度与孔隙率之间的关系

图中结果显示,在油石比确定的情况下,混合料的孔隙率与沥青膜厚度呈现出良好的线性函数关系，拟合函数相关性 $R^2>0.97$。随着沥青膜厚度增加，对应的混合料孔隙率也大，这是由于沥青膜厚度增加意味着混合料中粉料含量较低，也就是说，级配较粗，因而空隙率结果比较大。

体积指标研究部分结果显示，混合料体积指标与级配和油石比的关系比较明晰，变化规律比较明显。混合料的孔隙率与级配和油石比均有关，而级配的影响更大，与级配的关系主要体现在 2.36 mm 筛孔通过率上，即 OGFC 薄层罩面混合料孔隙率与级配中 2.36 mm 筛孔通过率呈现出良好的线性相关关系。混合料的矿料间隙率 VMA 主要与级配有关，油石比变化对其结果影响不大，而沥青饱和度 VFA 和沥青膜厚度结果与级配和油石比均有关，相对来说级配的影响关系更大。

对于 OGFC 薄层罩面混合料，其体积指标主要与级配有关，沥青指标带来的差异对体积指标影响结果不大，因而级配研究主要集中在上述部分的研究。而该部分研究也会作为薄层罩面混合料的基础研究部分，并结合后续的路用性能、耐久性等一系列指标进行综合分析，提出适用于 OGFC 薄层罩面的混合料设计标准。

4.3　不同级配超薄罩面混合料路用性能研究

混合料路用性能主要包括马歇尔试验和劈裂试验，其中马歇尔试验是沥青混合料中马歇尔设计方法的核心，试验指标包括稳定度和流值。劈裂试验又叫作间接拉伸试验，是评价混合料力学抗裂性能的关键指标。马歇尔试验和劈裂试验共同使用一套实验仪器，均为马歇尔稳定度试验仪，然而压头不同，马歇尔试验压头为半圆形，而劈裂试验压头为窄条形。

混合料路用性能评价包括原样马歇尔试验、原样劈裂试验、浸水马歇尔试验和冻融劈裂试验。其中浸水马歇尔试验是在测试前，将试件置于 60 ℃ 水浴中 48 h，而后测试其稳定度和流值，浸水后的稳定度与原样稳定度的百分比为残留稳定度，主要用于评价混合料的抗水损害能力，而这部分研究归为耐久性研究部分，路用性能研究仅评价其路用性能指标。冻融劈裂试验是在劈裂试验前将试件进行一个冻融循环，冻融劈裂强度与原样劈裂强度的比值为 TSR，也是评价混合料抗水损害能力，也是属于耐久性研究部分，本部分研究仅评价其马歇尔稳定度与劈裂强度。

4.3.1 马歇尔稳定度

马歇尔稳定度一部分是反映了混合料的整体强度。由于本研究中所有圆柱体试件均通过旋转压实成型，而后试件在马歇尔稳定度测试以上进行试验，而规范的马歇尔试验方法是通过马歇尔击实成型，因而会有所差异，这里进行说明。

不同级配及沥青用量下的马歇尔试验结果如图 4.8 所示，可以发现，由于级配差异带来的马歇尔稳定度差异非常明显，即级配由粗到密的过程中，马歇尔稳定度显著增大，规律非常明显。相对来说，油石比变化导致的马歇尔稳定度差异比较小。对于级配 1 来说，油石比增加，混合料马歇尔稳定度有逐渐下降的趋势，总体来说稳定在 5 kN 左右。而对于级配 2 和级配 3，油石比增加马歇尔稳定度变化规律并不明显。因此，为探究级配和油石比对马歇尔稳定度试验结果影响的显著程度，采用双因素方法分析统计学手段进行分析，即以级配和油石比作为影响因素进行分析，通过 MATLAB 中 anova2 程序进行分析。分析结果见表 4-4。

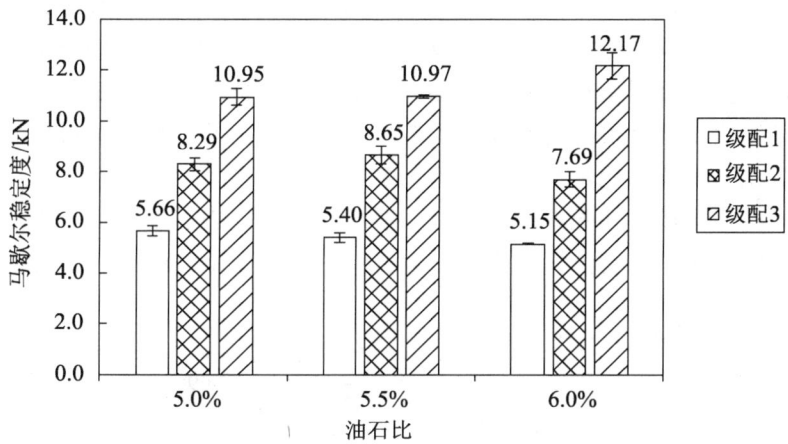

图 4.8 不同级配以及油石比条件下混合料的马歇尔稳定度结果

表 4-4 数据中 SS 代表方差，df 代表自由度，MS 代表均方差，F 为统计学指标，p 代表假设检验的结果。在显著性水平 $\alpha=0.05$ 下检验并提出以下两个假设：① 混合料的马歇尔稳定度与油石比无关；② 混合料的马歇尔稳定度与级配无关。表中结果显示，对于油石比因素，$p=0.9963>0.05$，说明接受原假设，可认为混合料的马歇尔稳定度与油石比无关。对于级配因素，$p=0.0008<0.05$，故拒绝原假设，可认为混合料的马歇尔稳定度与级配有关。即从统计学分析角度，

研究了混合料马歇尔稳定度与级配和油石比的关系。

表 4-4　不同级配以及油石比条件下马歇尔稳定度方差分析结果

Source	SS	df	MS	F	$pr_{ob}>F$
油石比	0.003 0	2	0.001 5	0	0.996 3
级配	53.342 5	2	26.671 2	67.79	0.000 8
Error	1.573 8	4	0.393 4		
Total	54.919 2	8			

由于马歇尔稳定度是混合料设计过程中一个很重要的指标，上述研究分析了混合料马歇尔稳定度同级配与油石比的关系，实际上马歇尔稳定度也与混合料的体积指标有很大的关系，探究混合料马歇尔稳定度与体积指标的关系对今后的混合料设计具有很重要的意义。这里选取孔隙率与沥青膜厚度指标进行分析。

将几组孔隙率与马歇尔稳定度结果数据绘入坐标图中，如图 4.9，可以发现，以相同油石比为控制指标，混合料的马歇尔稳定度与孔隙率呈现出良好的线性相关关系，拟合函数相关系数 $R^2>0.97$。这是由于油石比确定的情况下，孔隙率指标变化主要由级配变化引起，而前述分析结果也证明了级配变化对混合料的马歇尔稳定度变化有很大的影响。而若以相同级配为研究对象，可以发现随着油石比变化，马歇尔稳定度随孔隙率的变化而呈现出不同的变化规律，这是由于油石比变化会造成孔隙率改变，却对马歇尔稳定度没有明显的影响。因此，级配相同的条件下，混合料的孔隙率与马歇尔稳定度并没有明显相关性关系。

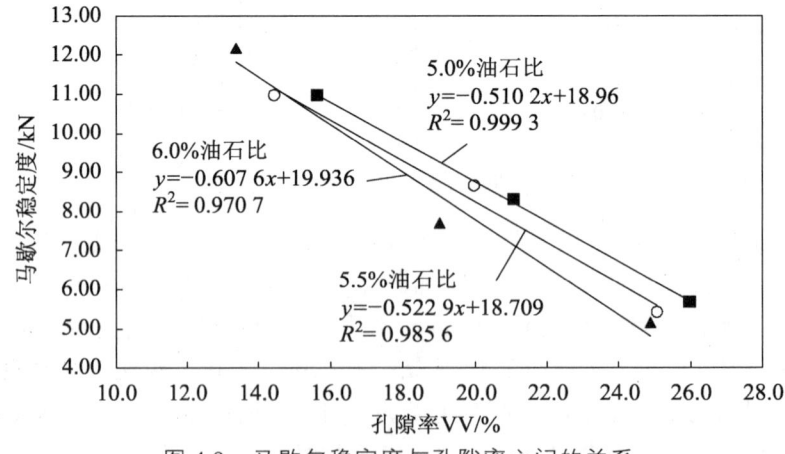

图 4.9　马歇尔稳定度与孔隙率之间的关系

混合料马歇尔稳定度与沥青膜厚度之间的关系如图 4.10 所示。可以发现，与孔隙率影响因素结果类似，即在油石比确定的情况下，混合料的马歇尔稳定度与沥青膜厚度呈现出良好的线性相关关系，拟合函数相关系数 $R^2>0.92$，且随着沥青膜厚度增加，混合料的马歇尔稳定度降低。这是由于马歇尔稳定度受级配变化影响比较大，油石比确定的前提下，混合料沥青膜厚度增加，对应的级配比较粗，因而马歇尔稳定度降低。而从级配的角度去分析，发现混合料的稳定度随沥青膜厚度改变呈现出不同的变化规律，这也是由于在相同级配条件下，油石比改变对马歇尔稳定度变化影响不显著，而油石比与沥青膜厚度成正比关系，因而沥青膜厚度改变对马歇尔稳定度变化影响不显著。

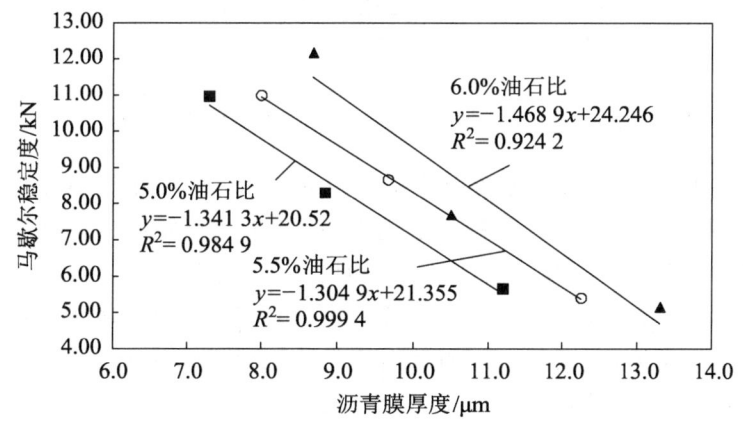

图 4.10 马歇尔稳定度与沥青膜厚度之间的关系

马歇尔试验一共有两个试验指标，即稳定度和流值，流值反映的是混合料抵抗变形的能力。沥青混合料路面是一种柔性路面，即存在一定的抵抗变形能力。流值太小，表明混合料比较脆，抵抗变形能力较差，而流值太大，则会造成混合料的强度不足，因而在混合料设计中有关于流值的要求。

不同级配及油石比条件下混合料的流值结果如图 4.11 所示。结果显示，混合料的流值随级配以及油石比变化的规律并不显著，即没有明显的规律性，整体来讲，OGFC 薄层罩面混合料流值较大，结果均在 50（0.1 mm）以上。而在同一油石比条件下对 3 种级配混合料的流值取平均值，结果发现，随着油石比增加，混合料的平均流值也随之增大。这是由于油石比的增加会使混合料相应地变软，从而导致流值的增加。

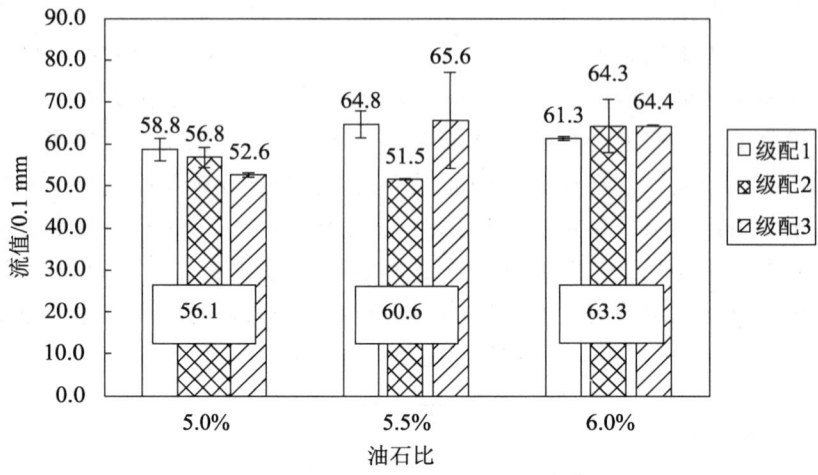

图 4.11 不同级配以及油石比条件下混合料的流值

混合料的浸水马歇尔稳定度是在试件浸泡于 60 ℃ 水浴中 48 h 后通过马歇尔试验测试得到，一般以残留稳定度比为评价水稳定性的指标，该部分在后文中进行研究。不同级配及油石比条件下混合料的浸水马歇尔稳定度结果如图 4.12 所示，可以发现，在相同油石比条件下混合料的浸水马歇尔稳定度结果相差较大，而相同级配条件下，随着油石比变化混合料的浸水马歇尔稳定度变化呈现出不同的变化规律。

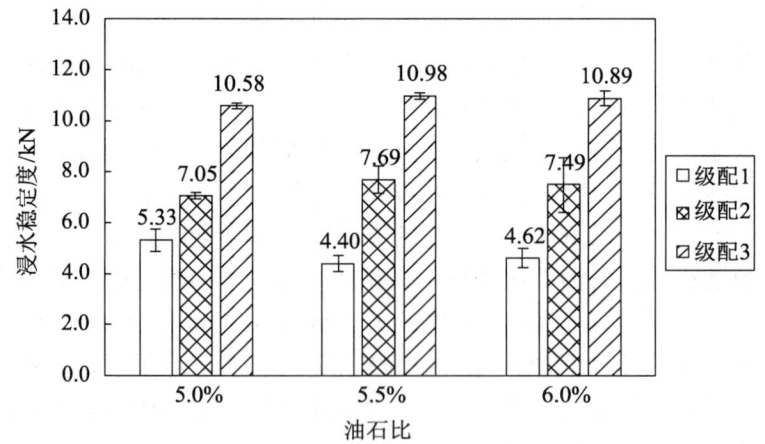

图 4.12 不同级配以及油石比条件下混合料的浸水马歇尔稳定度结果

为了进一步探究混合料的浸水马歇尔稳定度与级配以及油石比变化之间的关系，这里采用统计学分析手段，双因素方差分析，分别以油石比和级配因素作为方差分析的对象。方差分析结果见表 4-5，表中结果显示，对于油石比因素影响，$p=0.9947>0.05$，说明油石比对混合料的浸水马歇尔影响并不显著。而对于级配因素影响，$p=0.0002<0.05$，说明级配对混合料的浸水马歇尔稳定度影响较为显著。统计学分析结果表明，与上述分析结论一致。

表 4-5 混合料的浸水马歇尔稳定度方差分析结果

Source	SS	df	MS	F	$pr_{ob}>F$
油石比	0.002 1	2	0.001 0	0.01	0.994 7
级配	54.905 9	2	27.452 9	142.08	0.000 2
Error	0.772 9	4	0.193 2		
Total	55.680 8	8			

4.3.2 劈裂强度

劈裂试验，又称作间接拉伸试验，用来评价混合料的抵抗间接拉伸破坏的能力，是力学性能的一种体现。劈裂试验最主要的是用来评价混合料的水稳定性，即 TSR 指标，该部分在后文进行分析。而实际上，劈裂强度也是混合料整体强度的一种体现，也能在一定程度上反映路用性能。因此本研究对 OGFC 薄层罩面混合料的原样劈裂强度和冻融劈裂强度结果也进行分析。由于劈裂试验测试结果为最大压应力，因此需要换算成劈裂强度，根据下述公式进行：

$$R = 0.006\,287 \cdot P/h$$

式中 R ——劈裂强度（MPa）；
 P ——劈裂试验荷载（N）；
 h ——试件的高度（mm）。

不同级配及油石比条件下混合料的劈裂强度如图 4.13 所示，可以发现，在油石比确定的情况下，混合料的劈裂强度随级配变化出现较为明显的改变，随着级配由粗变密，混合料的劈裂强度逐渐增大，表明混合料的力学抗裂性能提升。观察同一级配下混合料的劈裂强度随油石比变化情况，可以发现油石比的增加对混合料劈裂强度影响结果并不显著，即变化规律并不明显。

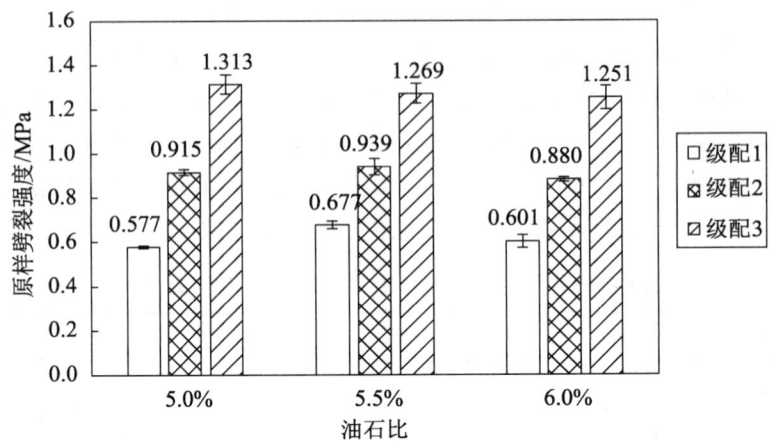

图 4.13 不同级配以及油石比条件下混合料的劈裂强度试验结果

为了进一步研究劈裂强度与级配和油石比的关系，采用统计学分析手段，以油石比和级配分别作为影响因素进行双因素方差分析，结果如表 4-6。对于油石比因素，方差分析结果 $p=0.333\,8>0.05$，说明油石比变化对混合料劈裂强度结果影响并不显著。而对于级配因素，方差分析结果 $p=0.000\,1<0.05$，说明级配变化对混合料的劈裂强度有显著的影响。通过统计学分析的结果也与前述结论相一致。

表 4-6 混合料劈裂强度试验结果方差分析

Source	SS	df	MS	F	$pr_{ob}>F$
油石比	0.003 90	2	0.001 95	1.46	0.333 8
级配	0.654 77	2	0.327 38	245.15	0.000 1
Error	0.005 34	4	0.001 34		
Total	0.664 02	8			

劈裂强度是混合料的一项很重要的力学性能指标，反映了混合料的整体抗裂强度。为了研究混合料的劈裂强度与体积指标的关系，选取孔隙率与沥青膜厚度作为研究变量进行分析。结合上述统计学分析结果，劈裂强度受油石比变化结果影响不显著而受级配变化影响显著，因此统一油石比条件，分析相同油石比条件下混合料的劈裂强度与孔隙率和沥青膜厚度之间的关系。

将混合料的劈裂强度与孔隙率数据汇入坐标图中，在相同油石比条件下对变量进行拟合，结果如图 4.14 所示。可以发现，在油石比条件一定的情况下，混合料的劈裂强度与孔隙率呈现出良好的线性相关关系，随着孔隙率增大，混合料的劈裂强度降低，3 个油石比拟合函数的相关系数 $R^2>0.99$。这是由于孔隙率变大意味着混合料由密变粗的过程，对于粗级配的混合料，集料表面的有效接触面积比较小，因此约束较少，因而强度较低。而且拟合结果还显示，在较低孔隙率条件下，混合料油石比越小，劈裂强度越大，这是由于沥青本身是一种黏弹性物质，容易发生变形，而一旦沥青用量增加，混合料的整体强度会出现下降的趋势。

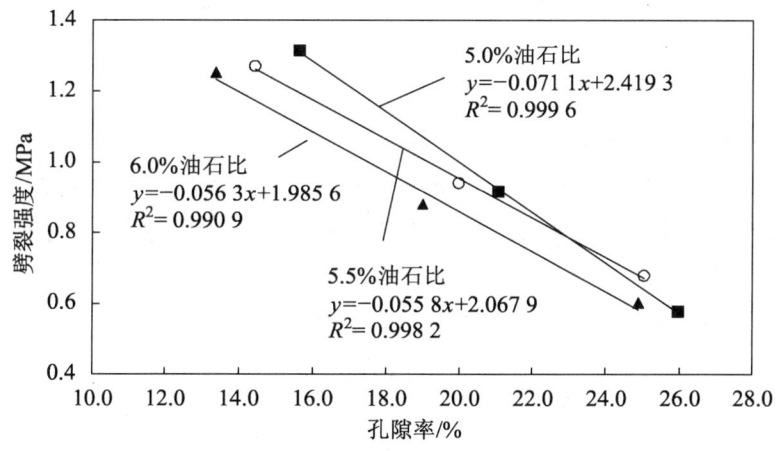

图 4.14 混合料孔隙率与劈裂强度之间的关系

混合料的劈裂强度与沥青膜厚度之间的关系如图 4.15 所示。可以发现，在相同油石比条件下，混合料的劈裂强度随沥青膜厚度增加而降低，呈现出良好的线性相关关系（$R^2>0.95$）。沥青膜厚度增加对应了级配变粗，因而混合料整体强度下降。另一方面，可以观察到相同沥青膜厚度条件下，油石比越高，混合料的劈裂强度越大，这是由于相同沥青膜条件下较高的油石比也对应着较密实的级配，因而混合料整体强度较大。

混合料的冻融劈裂是将试件进行一次冻融循环后做劈裂试验得到的结果，一般用来评价混合料在经历冻融循环过程中抵抗水损害的能力，这部分研究在后文中进行讨论。冻融劈裂强度反映的是经历冻融循环后试件抵抗开裂的能力，也是混合料路用性能强度的一种体现，因此这里也对其进行相关分析。

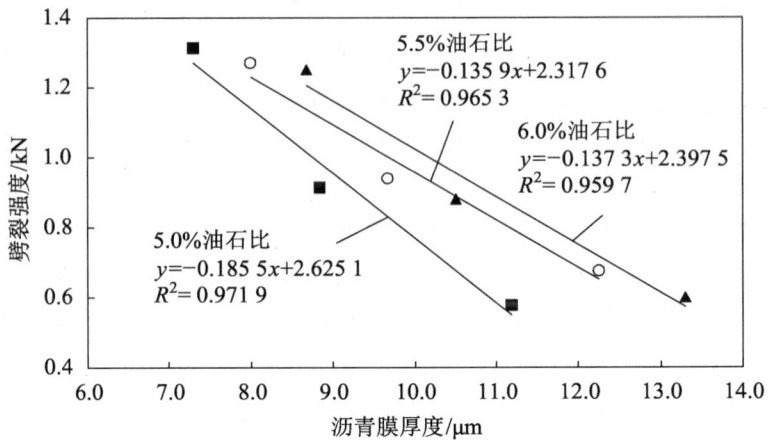

图 4.15　混合料沥青膜厚度与劈裂强度之间的关系

不同级配及油石比条件下混合料的冻融劈裂强度测试结果如图 4.16 所示。可以发现，在油石比条件确定的情况下，混合料的冻融劈裂强度随着级配变化呈现出较大的差异，即在级配由粗变密的过程中，混合料的冻融劈裂强度增大。而在相同级配条件下，随着油石比的增大，混合料的冻融劈裂强度呈现出不同的变化趋势，说明油石比因素影响并不显著。

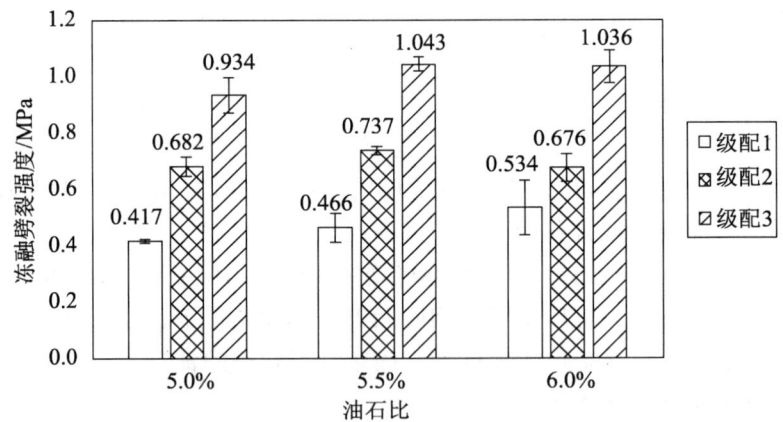

图 4.16　不同级配及油石比条件下混合料的冻融劈裂结果

稳定度与劈裂试验结果表明，混合料的整体强度受级配影响更大，随着级配变密，混合料的马歇尔稳定度与劈裂强度均呈现上升的趋势。然而油石比的变化对混合料的强度影响并不显著。

4.4　不同级配超薄罩面混合料抗松散与抗水损性能研究

4.4.1　抗松散性能

超薄罩面混合料的抗松散性能通过肯塔堡飞散试验来评价，试验方法参照 T0733 标准试验方法。每组试验进行 3 次平行试验，结果取平均值，并以误差棒来代替数据波动情况。标准肯塔堡飞散试验结果如图 4.17 所示。

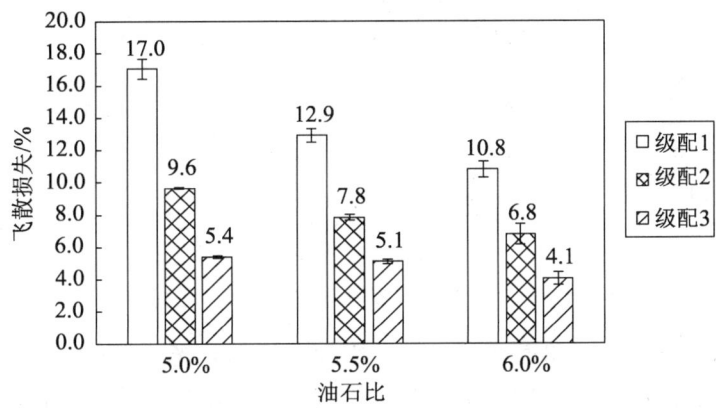

图 4.17　不同级配及油石比条件下混合料的肯塔堡飞散损失结果

图中结果显示，随着级配变密以及油石比增加，混合料的飞散损失逐渐降低，表明其抗松散性能逐步提升，对于级配 1 混合料，其飞散损失均超过了 10%，而级配 2 混合料的飞散损失则全部小于 10%，级配 3 混合料飞散损失则全部在 5%左右，说明此时混合料的抗松散性能非常好。而在相同级配下随着油石比的增加，混合料的飞散损失降低幅度随着级配的变密而逐渐减小，主要是由于级配变密之后，混合料的飞散损失本身比较小，因而油石比变化对飞散损失的改变相对也比较低。

飞散损失结果对 OGFC 混合料来讲是一项非常重要的技术指标，反映了混合料的抗松散耐久性，因此本书将进一步研究超薄罩面混合料的肯塔堡飞散损失与孔隙率的关系。

将相同油石比条件下混合料的孔隙率与肯塔堡飞散损失结果绘入坐标图中，如图 4.18，可以发现，在相同油石比条件下，随着混合料孔隙率的增加，飞散损失也逐渐增加，这是由于孔隙率增大会导致集料之间的有效接触面积降低，因此集料之间的有效黏结强度下降，因而飞散损失增大。随着油石比的增加，可以发现飞散损失随孔隙率的增加幅度逐渐变缓，也就是说，在高油石比条件下，混合料孔隙率的增加所造成的飞散损失的增加只要低于低油石比条件下的，这种可能与集料表面的沥青膜厚度有关。

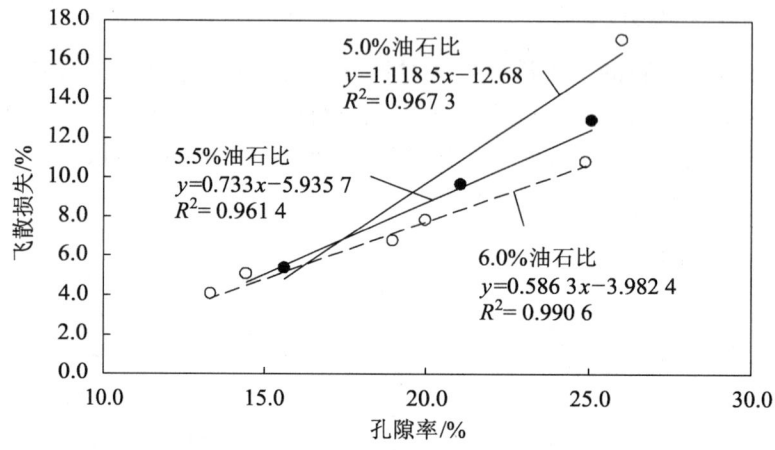

图 4.18　肯塔堡飞散损失与孔隙率之间的关系

由于超薄罩面处于路面的最表层，因此会受到阳光、雨水等环境的综合作用，实际上路面发生松散破坏也是荷载作用、雨水浸泡等综合因素造成的，因此为了更好地模拟超薄罩面在实际使用过程中所受环境以及荷载的综合作用，本研究采用浸水肯塔堡飞散试验来表征，即试件在进行飞散试验之前，首选在 60 ℃ 水浴中浸泡养生 48 h，而后置于 20 ℃ 水浴中养护 2 h，再进行飞散试验。不同级配以及油石比条件下混合料的浸水飞散损失结果如图 4.19 所示。

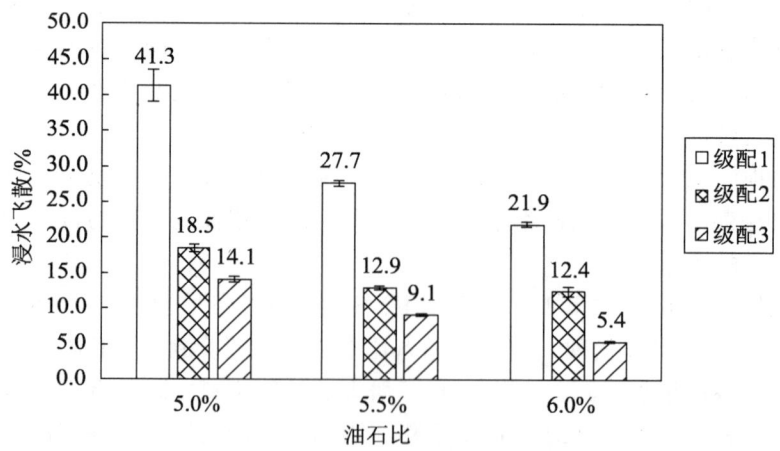

图 4.19　混合料的浸水飞散试验结果

图中结果表明，浸水作用后，混合料的飞散损失明显增加，飞散损失随级配以及油石比的变化规律同标准飞散试验结果。对于级配 1，其进水后的飞散损失均超过了 20%，而在油石比较低的情况下，飞散损失结果也较大，说明孔隙率较大以及油石比较低的情况下，浸水作用对其抗松散性能影响更为显著。对于级配 3，在油石比较高的条件下，其飞散损失仅为 5.4%，表明浸水作用后仍具有良好的抗松散性能。

在我国北方地区，由于冬夏气温交替造成的冻融循环破坏也是沥青路面常见的病害之一，为了更好地评估超薄罩面混合料的抗松散性能，除标准飞散和浸水飞散，本研究增加一组冻融飞散试验，即试件首先进行-18 °C 条件下养护 16 h+60 °C 水浴条件养护 24 h，而后置于 20 °C 水中养护 2 h，再进行飞散试验，用于评价超薄罩面混合料试件在冻融循环作用后的抗松散性能。不同级配以及油石比条件下混合料的冻融飞散损失结果如图 4.20 所示。

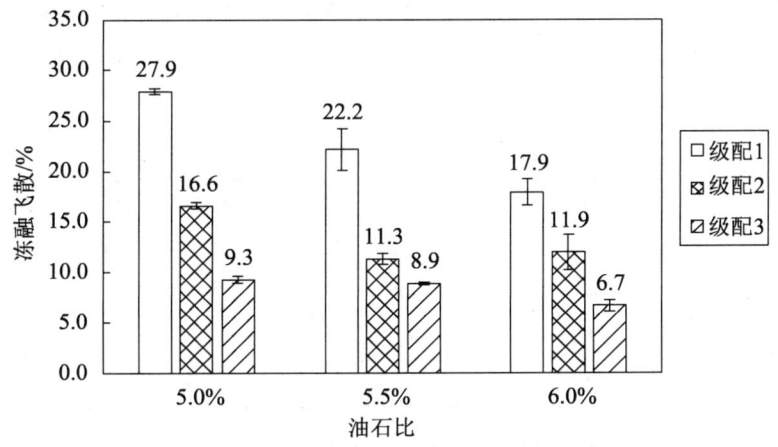

图 4.20 混合料的冻融飞散试验结果

图中结果显示，冻融循环后混合料的飞散损失增加，表明冻融循环对混合料的抗松散性能也具有一定的作用，随着级配以及油石比变化，混合料的冻融飞散变化趋势也与标准飞散类似。与前述浸水飞散相比，冻融循环后试件的飞散损失要小于浸水作用后的飞散损失，这也说明了冻融循环对混合料抗松散性能的损伤程度要小于浸水作用。

4.4.2 抗水损性能

超薄磨耗层的抵抗水损破坏的能力主要通过冻融劈裂强度比（TSR）、残留稳定度指标来表征，前述研究过程中也增加了浸水飞散以及冻融飞散试验，参照 TSR 以及残留稳定度的计算方法，提出浸水飞散比以及冻融飞散比指标，也用于评价混合料的抗水损破坏能力。

不同级配以及油石比条件下混合料的 TSR 结果如表 4-7 所示。可以发现，混合料的整体的 TSR 结果并不高，大部分混合料的 TSR 结果仍小于 80%，无法满足 OGFC 混合料的设计指标要求，这种情况主要与混合料的最大公称粒径比较小有关。观察不同级配以及油石比条件下混合料的 TSR 结果发现，随着级配变化以及油石比变化，混合料的 TSR 结果并没有明显的变化规律。将相同级配以及油石比条件下混合料的 TSR 结果取平均值可以发现，随着级配变化，三种油石比下混合料 TSR 的平均值几乎无差别，平均值一般为 76%~79%。而在相同油石比条件下，三种不同级配下混合料的 TSR 结果平均值表明，随着油石比的增加，混合料的 TSR 结果平均值逐渐增大，说明提高油石比有利于增加混合料的 TSR 结果。

表 4-7 混合料的冻融劈裂强度比试验结果

TSR	5.0%	5.5%	6.0%	Avg.
级配 1	72.4	68.8	88.8	**76.6**
级配 2	74.5	78.5	76.8	**76.6**
级配 3	71.2	82.2	82.8	**78.7**
Avg.	**72.7**	**76.5**	**82.8**	—

不同级配以及油石比条件下混合料的残留稳定度结果如表 4-8 所示，可以发现，混合料的残留稳定度结果均超过了 80%，从这个角度来讲，混合料的水稳定性能均能满足规范要求，因此对于 OGFC 超薄磨耗层混合料，水稳定性能评价可以采用残留稳定度指标。观察不同级配以及油石比条件下混合料的残留稳定度结果发现，随着级配变化以及油石比增加，混合料的残留稳定度并没有呈现出规律的变化。同样，将相同油石比以及级配下的混合料残留稳定度结果取平均值，结果显示，随着级配逐渐变密，混合料在不同油石比条件下的残留稳定度平均值逐渐增大，说明级配变密有利于提升混合料的抗水损性能。而随着油石比增加，不同级配下混合料的残留稳定度结果平均值则几乎不变，介于

90%～93%，从残留稳定度试验结果来看，油石比变化对超薄罩面混合料的水稳定性能影响并不显著。

表 4-8　混合料的残留稳定度结果

残留稳定度	5.0%	5.5%	6.0%	Avg.
级配 1	94.1	81.5	89.6	**88.4**
级配 2	85.0	89.0	97.3	**90.4**
级配 3	96.6	100.1	89.5	**95.4**
Avg.	**91.9**	**90.2**	**92.1**	—

浸水飞散比指的是试件浸水后的飞散结果与标准飞散结果的比值，冻融飞散比则是试件冻融后的飞散结果与标准飞散结果的比值。前述冻融劈裂强度比以及残留稳定度则通过冻融循环作用以及浸水作用来模拟混合料承受水损害，因此浸水飞散比与冻融飞散比也在一定程度上能反应混合料的抗水损性能，同时浸水飞散比与冻融飞散比结果越小，说明混合料的抗水损性能越好。不同级配以及油石比条件下混合料的浸水飞散比与冻融飞散比结果如表 4-9 所示。

表 4-9　混合料的浸水飞散比与冻融飞散比结果

级配	浸水飞散比/%				冻融飞散比/%			
	5.0%	5.5%	6.0%	Avg.	5.0%	5.5%	6.0%	Avg.
级配 1	242.7	214.2	202.6	**219.8**	163.9	171.6	165.8	**167.1**
级配 2	192.0	165.5	183.7	**180.4**	172.0	144.5	176.2	**164.2**
级配 3	262.2	179.1	134.1	**191.8**	172.2	174.9	164.4	**170.5**
Avg.	**232.3**	**186.3**	**173.5**	—	**169.4**	**163.7**	**168.8**	—

表中数据显示，相同级配以及油石比条件下混合料的浸水飞散比结果要大于冻融飞散比，说明浸水作用对超薄罩面混合料的水损害效果要大于冻融循环作用。随着油石比变化，混合料的浸水飞散比并没有呈现出规律性，比如对于级配 1，随着油石比增加，混合料的浸水飞散比逐渐降低，而对于级配 2，油石比增加，则导致浸水飞散比先下降后上升。将相同级配以及油石比条件下混合料的浸水飞散比结果取平均值，发现随着级配逐渐变密，不同油石比条件下混合料的浸水飞散比呈现出先下降后上升的趋势，变化规律并不显著。而随着油石比的增加，不同级配混合料的浸水飞散比呈现出逐渐下降的趋势，说明油石

比的增加有利于降低混合料的浸水飞散比,提高超薄罩面混合料的抗水损性能。同样,将相同级配以及油石比混合料的冻融飞散比结果取平均值,可以发现相同油石比以及相同级配条件下混合料的冻融飞散比结果均处于160%~170%,说明级配以及油石比的变化并不会对冻融飞散比结果造成比较大的影响,从冻融飞散比试验结果角度来看,其水稳定性能基本不受级配以及油石比变化的影响,这显然与实际情况不符。因此,可以认为冻融飞散条件并不能较好地模拟超薄罩面混合料的水损情况,推荐采用残留稳定度指标或者浸水飞散比来表征OGFC超薄罩面混合料的水损性能。

4.5 不同级配超薄罩面混合料在水热综合作用下抗车辙变形研究

除却抗松散性能与抗水损性能,超薄罩面混合料在水热综合作用下的抗车辙变形能力也是其使用耐久性的一个很重要的方面,由于超薄罩面处于路面最表层,我国南方地区夏季容易出现高温多雨的天气,因此路面长时间处于高温以及潮湿的环境中。在车辆往复荷载的作用下,超薄罩面容易出现变形,进而发生水损脱落,因此研究水热综合作用下超薄罩面混合料的抗车辙变形能力至关重要。本研究采用浸水汉堡车辙试验来评价OGFC超薄罩面混合料在水热综合作用下的抗车辙变形能力。

4.5.1 浸水汉堡车辙试验方法介绍

浸水汉堡车辙试验方法参照AASHTO T324中的规范试验方法,试验在50 ℃水浴条件下进行,试验开始前将试件在50 ℃水浴下保温30 min,试验加载速率为52次/min,试验停止条件为车辙深度达到20 mm或者加载次数达到20 000次,记录整个加载过程中的车辙深度变化情况,并通过汉堡车辙自带数据处理软件对车辙曲线数据进行处理。浸水汉堡车辙试验机如图4.21所示。

其中蠕变速率(Creep Slope)是混合料蠕变阶段发生变形的速率,反映的是高温性能,而剥落斜率(Stripping Slope)与剥落拐点(Stripping Inflection Point,SIP)反映的是混合料抵抗水损破坏的能力,破坏次数(Number of Passes to Failure)指的是混合料车辙变形深度达到20 mm对应的加载次数,一般通过推算得到,浸水汉堡车辙数据处理曲线如图4.22所示。本研究将采用剥落速率与剥落拐点对OGFC超薄罩面混合料的水稳定性能进行评价。

图 4.21 浸水汉堡车辙试验机

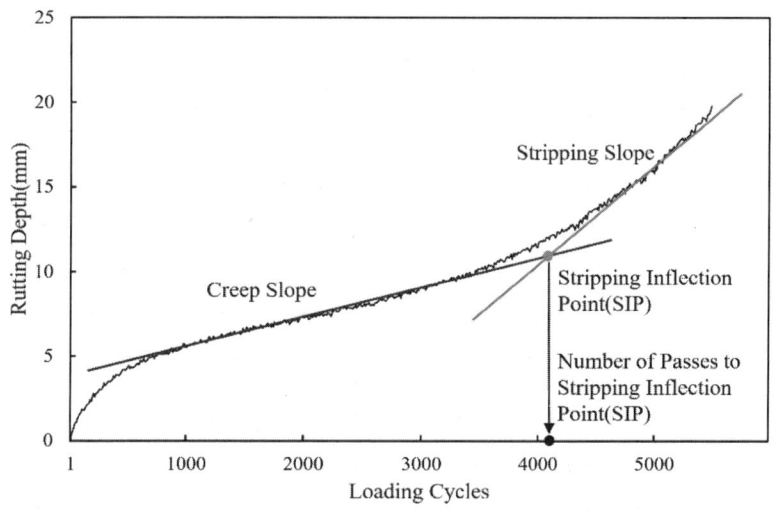

图 4.22 典型的浸水汉堡车辙数据处理曲线

4.5.2 试验结果分析

不同级配及油石比条件下混合料的浸水汉堡车辙曲线结果如图 4.23 所示，图例中级配以 G 代替，G1-5.0%即代表级配 1 以及 5.0%的油石比。可以发现在初始阶段，随着级配逐渐变密，混合料的变形增加速度逐渐降低，这是由于汉堡浸水车辙试验在初始阶段有一个后压密的过程，这部分的车辙变形增加速度与孔隙率有很大的关系，即孔隙率越大，混合料的后压密效果越明显，初始变形速率也就越大。然而随着加载次数的增加，混合料的浸水汉堡车辙曲线呈现出不同的变化趋势。在相同级配条件下混合料的变形速率随着油石比的增加呈现出不同的变化趋势，为了进一步分析混合料在水热综合作用下的抗车辙变形能力，下面将试验曲线根据上述方法进行处理，结果如表4-10所示。

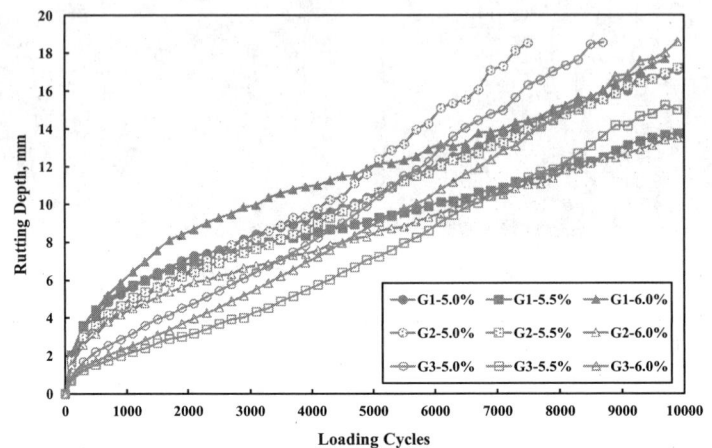

图4.23 不同级配及油石比条件下混合料的浸水汉堡车辙试验结果

表4-10 混合料浸水汉堡车辙数据处理结果

级配	蠕变斜率/($\times 10^{-6}$ mm/次)				剥落斜率/($\times 10^{-6}$ mm/次)			
	5.0%	5.5%	6.0%	Avg.	5.0%	5.5%	6.0%	Avg.
级配1	515	389	466	**456**	720	545	820	**695**
级配2	823	605	432	**620**	1 329	766	552	**882**
级配3	795	496	704	**665**	1 281	891	1 030	**1 067**
Avg.	711	496	534	—	1 110	734	801	—

级配	剥落拐点/次				破坏次数/次			
	5.0%	5.5%	6.0%	Avg.	5.0%	5.5%	6.0%	Avg.
级配1	10 055	12 848	15 290	**12 731**	24 408	31 605	22 689	**26 234**
级配2	9 095	12 113	11 612	**10 940**	16 118	22 993	31 746	**23 619**
级配3	8 652	7 307	8 424	**8 127**	17 749	25 306	21 154	**21 403**
Avg.	9 267	10 756	11 775	—	19 425	26 635	25 196	—

蠕变斜率反映的是混合料的抗高温车辙变形能力，蠕变斜率越小说明高温抗车辙性能越好，表中数据结果显示，混合料的蠕变斜率随级配以及油石比的

变化,呈现出不同的变化趋势。为了更好地掌握级配以及油石比的变化对蠕变速率的影响,将相同级配以及油石比条件下混合料的蠕变速率取平均值,结果发现,随着油石比的增加,不同级配混合料的平均蠕变斜率逐渐减小,表明其抗车辙变形能力增强,而随着级配逐渐变密,不同油石比混合料的蠕变速率逐渐增大,表明其抗车辙变形能力逐渐下降,这是由于油石比增加会使得沥青膜厚度变大,从而抗车辙变形能力增强,而级配变密导致集料表面的沥青膜厚度下降,因此抗车辙变形能力下降。

剥落阶段是由于混合料试件发生水损,加速破坏的过程,剥落斜率反映的是混合料抵抗水损破坏能力,剥落斜率越小,混合料的抗水损性能越好。表中剥落斜率数据结果表明,随着级配以及油石比变化,剥落斜率的变化仍然不具有规律性。将相同级配以及油石比下混合料的剥落斜率取平均值发现,随着级配变密,不同油石比条件下混合料的剥落斜率平均值逐渐增大,表明其抗水损能力下降,而随着油石比增加,不同级配混合料的剥落斜率平均值整体变小,在一定程度上也说明了抗水损性能变好。这是由于级配变密会导致沥青膜厚度降低,因而更容易发生剥落破坏,而油石比增加会增大集料表面的沥青膜厚度从而提升其抗剥落破坏的能力。

剥落拐点也是反应混合料抗水损破坏的能力,剥落拐点越小,说明混合料的抗水损性能越差。剥落拐点的分析也通过取相同级配以及油石比条件下混合料的剥落拐点平均值来实现。通过表中数据可以发现,随着级配变密,不同油石比条件下混合料的剥落拐点逐渐降低,说明其抗水损破坏能力逐渐下降,而随着油石比的增加,混合料在不同级配下剥落拐点平均值逐渐上升,说明抗水损性能得到提升,这也主要是由于级配变密会导致沥青膜厚度下降,从而造成剥落拐点下降,抗水损能力降低,而油石比增加则会增大集料表面的沥青膜厚度,从而提升其抗水损能力。破坏次数结果也显示了随着级配变密,不同油石比混合料的平均破坏次数逐渐降低,混合料在水热综合作用下抗变形能力下降,而随着油石比的增加,不同级配混合料的平均破坏次数整体增大,也说明了沥青膜厚度的提升有利于提升混合料在水热综合作用下的抗变形能力。

4.6 不同级配超薄罩面混合料抗裂性能研究

超薄罩面一般用于公路预防性养护工程,即路面在没有出现结构性损坏的情况下均可使用,沥青路面存在少量细微裂缝的情况下一般会采用加铺超薄罩面的方式来防治反射裂缝。部分水泥路面由于水泥板块之间存在板缝，加铺超薄罩面后也会存在出现反射裂缝的风险，因而超薄罩面混合料进行抗裂性能研究也是罩面使用耐久性的一部分。

目前，评价沥青混合料抗裂性能的室内试验包括：间接拉伸试验（劈裂试验），四点弯曲疲劳小梁（4PB）试验，Overlay Tester（OT）加铺层试验，半圆弯拉（SCB）开裂试验以及 IDEAL-CT 试验等。其中劈裂试验多用于评价混合料的低温抗裂性能，且评价指标多为力学性能指标。4PB 试验主要评价混合料由于弯曲应变而产生的疲劳开裂。OT 试验是德州交通研究中心开发的一套评价沥青混合料加铺层抗裂性能的试验方法，能较好地模拟实际路面裂缝的反射裂缝的产生与发展，然而该方法在国内并没有普及，并有研究表明试验结果变异系数比较大。SCB 试验是对半圆形试件进行预先开缝，而后沿裂缝方向进行加载，其中静态加载模式根据加载过程中裂缝发展情况来评价混合料的抵抗开裂的能力，多用来评价低温抗裂性，而动态加载模式可用来评价混合料的抵抗疲劳开裂的能力。以上几种评价方法，其中 4PB，OT 和 SCB 试验所需试件均需要进行切割加工，试验结果受加工精度所影响，而且试验耗时比较长，需要数个小时来完成。

IDEAL-CT 试验是德州交通研究中心开发的一种用于评价沥青混合料抗裂性能新的试验方法。该方法直接对直径 150 mm 的旋转压实试件进行测试，整个加载过程在 1 min 以内，试验结果可程序化处理。相较于其他几种评价开裂的试验方法，具有简单、快速、实用、高效的特点，同时试验结果变异系数比较小，试验可重复性高。研究表明，该方法对于混合料抗裂性能的评价与实际路面结果相符，因此本研究将选取 IDEAL-CT 试验来评价超薄罩面混合料的抗裂性能。

4.6.1　IDEAL-CT 试验方法介绍

根据 ASTM D8225—2019 中推荐的试验方法，IDEAL-CT 试验夹具选择劈裂试验夹具，夹条宽度为 2 cm，试验在 Material Testing System（MTS）试验机上进行，沿试件直径方向进行加载，试验温度为 25 ℃。试验开始前，试件需在 25 ℃ 环境箱内保温 2h，试验加载速率为 50 mm/min，试验停止条件为加载力小于 0.1kN。整个试验过程由 MTS 试验机记录荷载与位移数据，每秒钟记录 100 个数据点。典型的 IDEAL-CT 试验荷载-位移曲线如图 4.24 所示。

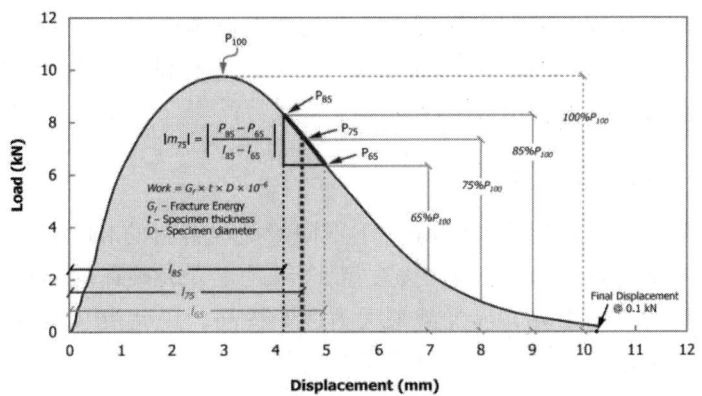

图 4.24 典型的 IDEAL-CT 荷载-位移曲线

荷载-位移曲线反映的是加载过程中试件的受力与位移情况，其中峰值力 P_{100} 为加载过程中最大力，反映混合料的整体强度，混合料的最终位移为加载力等于 0.1kN 时的位移，反映混合料的抗变形能力。混合料的断裂功 W_f 为荷载-位移曲线下方的面积，如图所示，断裂能 G_f 为破坏面单位面积下的断裂功，反映的是混合料从开始到加载破坏整个过程中的抵抗能力。一般 G_f 越大，混合料的抗裂性能越强，G_f 通过以下公式进行计算。

$$G_f = \frac{W_f}{D \times t} \times 10^6 = \frac{\int P dl}{D \times t} \times 10^6$$

式中：G_f 为断裂能（J/m^2）；P 为荷载（kN）；l 为位移（mm）；D 为试件直径（150 mm）；t 为试件厚度（mm）。

荷载-位移曲线 75%峰值力处斜率绝对值$|m_{75}|$反映的是混合料发生开裂后，裂缝的扩展速度。一般情况，$|m_{75}|$值越小，表明混合料的抗裂性能越好。m_{75} 通过内插法进行计算，即 85%峰值力与 65%峰值力差值比上 85%峰值力处位移与 65%峰值力处位移差值，如图 4.24 所示。

抗裂指数 CT_{index} 是 IDEAL-CT 试验中评价抗裂性能最重要的试验指标，通过 G_f 和$|m_{75}|$指标计算得到，计算公式如下：

$$CT_{index} = \frac{t}{62} \times \frac{l_{75}}{D} \times \frac{G_f}{|m_{75}|} \times 10^6$$

式中：l_{75} 为 75%峰值力处位移（mm）；m_{75} 为荷载-位移曲线 75%峰值力处斜率（N/m）。

为避免人工处理试验数据过程中产生的误差,本研究中所有试验数据均采用 MATLAB 程序化自动处理,每组实验进行 4 次平行试验,实验各指标结果取平均值,并以误差棒来表示数据浮动情况。

4.6.2 试验结果分析

图 4.25 显示了油石比为 5.5%条件下不同级配混合料的 IDEAL-CT 试验加载曲线,可以发现,随着级配逐渐变密,混合料发生开裂破坏的位移逐渐变小,说明抗变形能力逐渐下降,而加载最大力逐渐提高,说明混合料逐渐变硬,这也与前述马歇尔稳定度试验以及劈裂试验得到的结果相一致。为了量化分析随着级配以及油石比变化,混合料抗裂性能的变化情况,将试验数据曲线通过 MATLAB 程序批量处理,并对峰值力、最大变形位移、75%峰值力处斜率绝对值$|m_{75}|$、断裂能以及抗裂指数 CT_{index} 进行分析。

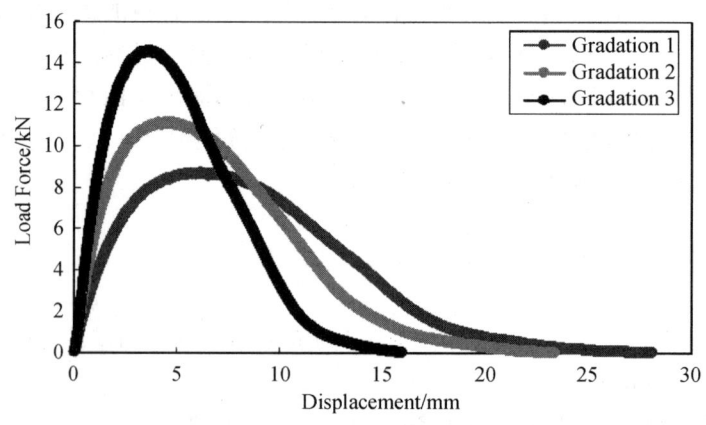

图 4.25 不同级配下混合料的 **IDEAL-CT** 试验加载曲线

1. 峰值力 P_{100}

将不同级配及油石比条件下混合料进行 IDEAL-CT 试验,根据不同试验指标进行分析。峰值力是试验加载过程中的最大荷载,反映混合料的整体强度,属于力学指标范畴。峰值力结果如图 4.26 所示,可以发现,随着级配逐渐变密,混合料的峰值力逐渐变大,表明混合料整体强度增强。而且级配 3 混合料的峰值力明显高于级配 1 和级配 2,说明混合料变密后整体强度迅速提升。而在相同级配下混合料随着油石比的增加,峰值力呈现比较稳定的波动状态,说明混合料整体强度变化受油石比变化影响不大。

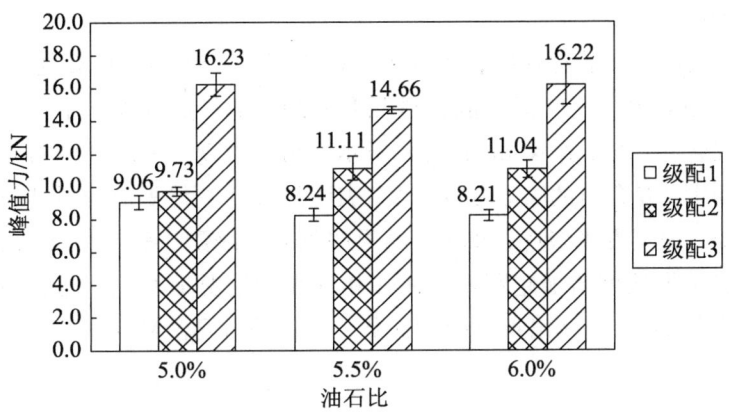

图 4.26 混合料的 IDEAL-CT 试验加载过程中的最大力

2. 最大位移

最大位移是试件从开始加载到破坏过程中总的变形量，反映的是混合料的抗变形性能。混合料 IDEAL-CT 试验的最大位移结果如图 4.27 所示，可以发现，在油石比确定的情况下，随着级配逐渐变密，混合料的最大变形逐渐减小，表明抗变形能力变差，且在油石比较高的情况下这种变化更为显著。对于相同级配，增加油石比可使得混合料的最大位移增加，提高混合料的抗变形能力，而且随着混合料级配由粗变密，油石比增加带来的抗变形能力的提升效果越来越不明显。因而从最大位移角度来看，混合料的抗变形性能受级配和油石比影响均比较显著。

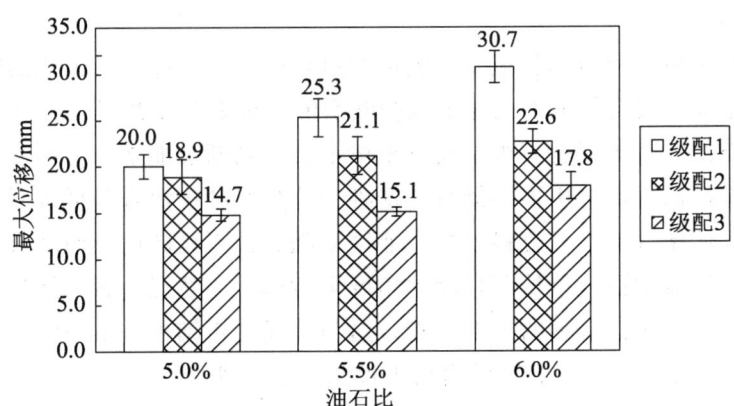

图 4.27 混合料加载过程中的最大变形位移

3. $|m_{75}|$

$|m_{75}|$是混合料加载过程中,荷载由峰值下降到75%最大荷载处,荷载-位移曲线的斜率绝对值,反映的是混合料开裂后的裂缝扩展速度。不同级配及油石比条件下混合料的$|m_{75}|$结果如图4.28所示,可以发现,在相同油石比条件下,随着级配变密,混合料的$|m_{75}|$逐渐增大,表明级配变密使得混合料开裂后裂缝扩展速度加快,观察发现级配3的$|m_{75}|$结果明显高于级配1和级配2,说明级配越密实,裂缝扩展速度增加越明显。而在相同级配情况下发现,随着油石比的增加,混合料的$|m_{75}|$值整体出现下降的趋势,说明提高混合料的油石比有助于延缓裂缝的扩展。

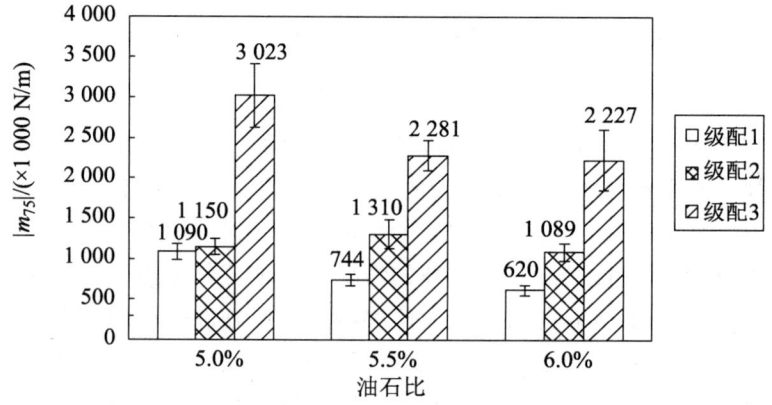

图 4.28 混合料加载过程中的$|m_{75}|$结果

4. 断裂能 G_f

断裂能是指混合料加载至完全破坏的过程中,单位面积所消耗的能量,也属于力学指标。混合料 IDEAL-CT 试验断裂能结果如图4.29所示。可以发现,在相同油石比条件下混合料级配变密整体上会导致断裂能增加,即混合料试件发生完全破坏需要消耗更多的能量,这种变化是有利于混合料抵抗开裂的。而在级配相同的条件下,混合料的断裂能结果随着油石比的增加而增大,表明混合料的抗裂性能增强。单从断裂能的角度来考虑,显然混合料级配越密,油石比越高,越有利于混合料的抗裂性能,这与前述分析结果并不一致,因而在混合料抗裂性能指标选取上,要综合各方面指标进行评价。

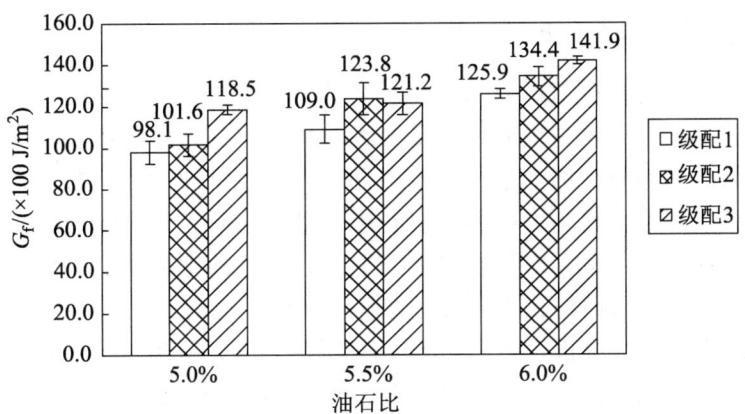

图 4.29　不同级配及油石比条件下混合料的断裂能

5. 抗裂指数 CT_{index}

抗裂指数 CT_{index} 是 IDEAL-CT 试验方法中推荐的用于评价混合料抗裂性能的指标，无量纲，结果越大表明抗裂性能越好。根据其计算公式可知，混合料较大的断裂能以及较小的 $|m_{75}|$ 值会导致更高的抗裂指数结果。混合料的抗裂指数结果如图 4.30 所示，可以发现在油石比相同的条件下，级配由粗变密会导致混合料的抗裂指数下降，即抗裂性能降低，而且下降幅度在油石比较高时更为显著，因而从级配角度来考虑，可以将级配适当做粗从而提升混合料的抗裂性能。而在相同级配条件下，随着油石比的增加，混合料的抗裂指数变大，说明抗裂性能增强，而且增强幅度在级配较粗时更明显，因而从油石比角度来考虑，可适当增加混合料的沥青用量来提高抗裂性能。

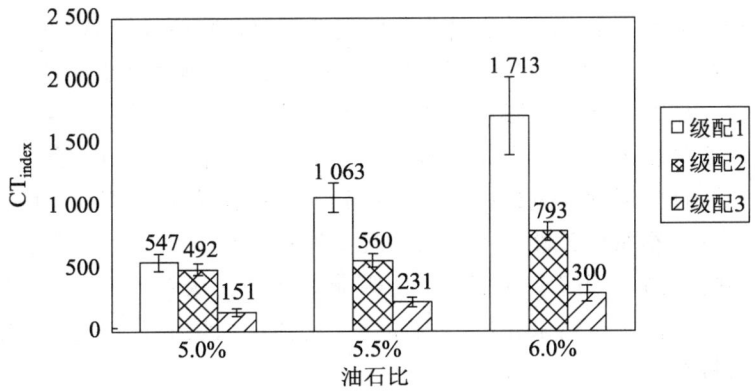

图 4.30　不同级配及油石比条件下混合料的抗裂指数 CT_{index}

4.6.3 相关性分析

前述分析了混合料 IDEAL-CT 试验各指标与级配和油石比的关系，从试验的角度分析了混合料抗裂性能分别受两者变化的影响。然而在大多数情况下，混合料的级配和油石比的变化并不是独立进行，而是同时进行的，这就需要寻找一个与级配和油石比均有关的混合料指标进行分析。超薄磨耗层混合料设计最重要的指标为孔隙率，对于开级配沥青混合料，沥青膜厚度也是设计过程中需要考虑的指标，因而将孔隙率与沥青膜厚度指标与上述 IDEAL-CT 试验各指标进行皮尔逊相关性分析，结果如图 4.31 所示。限于篇幅，本研究将仅给出分析结果，图中横纵轴代表的数据前文均已列出，故不再标注。

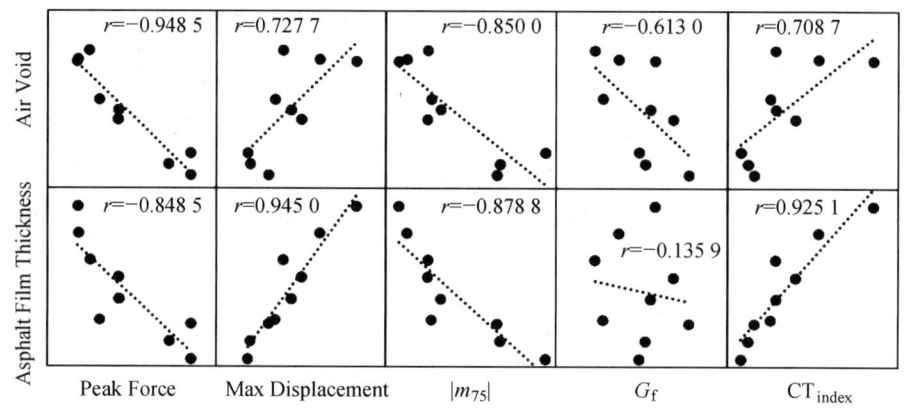

图 4.31　IDEAL-CT 试验指标与孔隙率以及沥青膜厚度相关性分析

皮尔逊相关性分析结果显示，其中峰值力和 $|m_{75}|$ 值与孔隙率和沥青膜厚度均存在显著的负相关关系，即混合料孔隙率越低，沥青膜厚度越薄，峰值力越大，$|m_{75}|$ 值结果越大，表明混合料的强度越高，同时裂缝扩展速度越快。而最大位移和抗裂指数与孔隙率和沥青膜厚度均存在显著的正相关关系，即混合料孔隙率越大，沥青膜厚度越厚，最大位移越大，抗裂指数越高，表明混合料的抗变形能力越好，同时抗裂性能也越好。断裂能指标与孔隙率和沥青膜厚度存在一定的负相关关系，然而相关性并不显著，孔隙率越低以及沥青膜厚度越薄反而混合料的断裂能更高，即完全发生破坏所需能量更多，从而抗裂性能更好，这显然与前述几个指标分析结果相悖，因而对于超薄磨耗层混合料抗裂性能评价，不建议使用断裂能作为评价指标。

第 5 章

高性能超薄罩面层间黏结黏层油的研发与黏结方案优选

沥青路面薄层加铺的常见病害为层间脱落或块状剥落，这种病害与路面层间黏结有关，而层间黏结的核心在于黏层油与上下界面的黏附性。因此为了减少甚至消除这种病害必须要求黏结防水层有优异的黏结特性和抗水损坏特性。因此黏结防水层中黏结油的研发与黏层油的黏结性能的合理评价成为薄层加铺的两大关键技术。从沥青与集料间的黏附性进行评价则可从根本上反映作为黏层油的沥青与上下层位间的黏结效果，因此本章节首先分析了高性能薄层罩面黏层油的黏结机理，然后开发了一种超黏自愈非乳化黏层油，并利用拉拔试验评价黏结效果和自愈合效果，同时通过混合料室内拉拔试验、斜剪试验、旋回车辙试验对高性能薄层混合料的实际路用性能进行评价。

5.1 黏层油的开发

层间黏结是薄层罩面关键技术之一，由于层间黏结失效造成的罩面病害时有发生。现行乳化类黏层油撒铺量不宜过多，否则容易出现泛油；异步施工的薄层如果乳化类黏层油破乳太慢，会影响后续施工与开放交通；流淌性如果过低会造成渗透性不够（水泥路面尤其重要），过高容易随着坡度流淌造成聚集，高性能薄层层间黏结示意图见图 5.1。因此本研究拟开发更为有效的层间黏结材料，即高性能薄层专用黏层油。高性能薄层专用黏层油具备以下三种特性：一是再生固本，对原路面起到再生作用，有效激活原路面老化沥青，修复黏结失效；二是嵌挤互锁，采用油性黏层油，在加铺高温新罩面后能瞬时软化原路面，结合胶轮压路机能使得新老集料相互嵌挤；三是高效渗透黏结，加入表面活性剂提高渗透性，可渗入原有路面，像钉子一样嵌入路面结构层，确保有效黏结。高性能薄层采用分步施工工艺，首先喷洒该专用黏结层材料，随后摊铺薄层混合料，又要求黏层油的黏结效果不被二次施工设备破坏，即需要黏结油具有良好的自愈、自黏效果。因此，研发了一种超黏自愈非乳化黏层油，其具有以下作用：

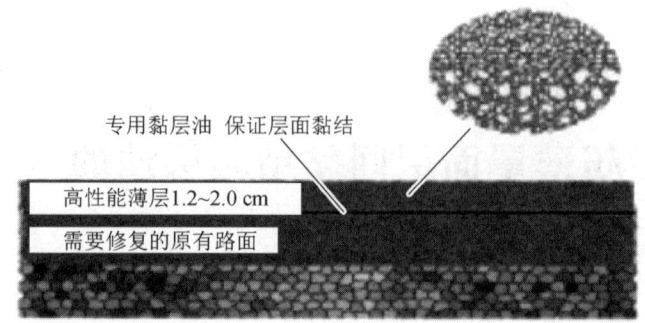

图 5.1　高性能薄层层间黏结示意图

（1）超高黏结强度。

（2）自愈、自黏。

（3）喷洒设备：简单改装普通乳化沥青喷洒设备（如图 5.2 所示）。

图 5.2　超黏自愈非乳化黏层油洒布

（4）再生固本：对原路面起到再生作用，有效激活原路面老化沥青，修复黏结失效。

（5）嵌挤互锁：采用油性黏层油，在加铺高温新罩面后能瞬时软化原路面，结合胶轮压路机能使得新老集料相互嵌挤。

（6）有效黏结：加入表面活性剂提高渗透性，可渗入原有路面，像钉子一样嵌入路面结构层，确保有效黏结。

（7）和光同尘：将水泥路面上的粉尘全部吸纳，避免软弱夹层。

（8）以一当十：洒布量典型用量为 $0.10 \sim 0.15 \text{ kg/m}^2$。相比之下，同步摊铺超薄的乳化类黏层油通常需要 $0.8 \sim 1.0 \text{ kg/m}^2$。

5.2 黏层油黏结效果和自愈合效果评价

在超黏自愈非乳化黏层油开发过程中，良好的黏结效果和自愈合能力是黏层油最重要的性质，因此需要着重研究。从沥青与集料间的黏附性进行评价则可从根本上反映作为黏层油的沥青与上下层位间的黏结效果。层间黏结问题或薄层块状剥落，可能出现于层间黏结单次黏结强度较弱，也可能由于黏层的黏结强度随温度、荷载、水分等条件下的多次往复疲劳破坏，故对于黏层效果的评价应该综合考虑黏层油黏结强度和多重外部环境条件下的耐久性黏附-自愈合特性。

5.2.1 试验简介

拉拔试验在评价沥青-集料黏附性方面简洁有效，近年来在国内外的研究中得到了广泛应用。该试验具有设备便携性好、试件制备及试验流程简便易操作、测试指标定量化等优点。拉拔试验的试件在一定的温度下成型、浸水恒温养护、发生拉拔破坏然后自愈合。通过测定拔头与涂有沥青的石料底座发生拉拔破坏时的拉力，评价潮湿条件下沥青黏结性及沥青-集料界面黏附性。通过控制试验过程中的各个变量，拉拔试验可用于评价不同材料、不同温度、不同干湿状况下的沥青-集料黏附性。本研究中的拉拔试验所采用的拉拔仪器为美国DeFelskoPosiTest AT-A全自动数字显示拉拔式附着力测试仪，见图5.3，它具有便携性好、测试简单的特点。通过在拉拔头上施加荷载剥离黏附在石料表面的沥青从而评价沥青与石料的黏附性（图5.4），同时有不同的加载速率可供选择。测试剥离时的力进而通过拉拔头截面计算出拉拔强度，通过程序选择不同尺寸的拉拔头，测试仪器界面上直接显示拉拔强度。拉拔试验试件准备过程如图5.5。

图 5.3　拉拔试验用全自动数字显示拉拔式附着力测试仪

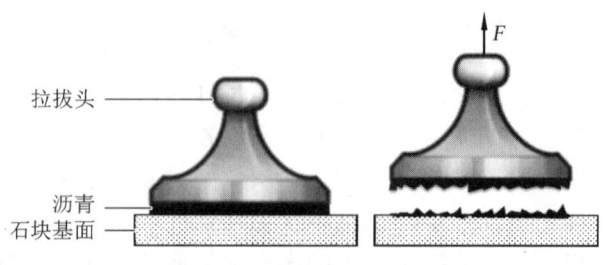

图 5.4 拉拔试验示意图

图 5.5 拉拔试验试件准备过程

5.2.2 试验过程

试验过程如下：

（1）用自来水清洗石料底座表面的灰尘和污物，置于 25 ℃ 烘箱中干燥若干小时。

（2）将石料底座、沥青、拔头及药匙在烘箱中放置 1 h（改性沥青 170 ℃）。

（3）将石料底座从烘箱中取出，然后将硅胶圈放置在石料底座表面（为保证后续压重的施力均匀，每块石料底座应放置 3 个硅胶圈）。

（4）在硅胶圈内滴入适量沥青[图 5.5（a）]，然后放入拔头并轻按拔头顶部，使拔头底部边缘与石料底座表面相接触[图 5.5（b）]。

（5）将试件在 25 ℃、30%相对湿度的恒温恒湿箱中放置 1 h，撤去硅胶圈[图 5.5（c）]，将试件在 25 ℃ 养护箱和 40 ℃ 水浴箱中放置若干小时。

（6）将试件从水浴箱中取出，在 25 ℃、30%相对湿度的恒温恒湿箱中放置 1 h，用记号笔对试件及拔头分别编号，然后用油性笔对拔头-石料底座的相对位置进行标记。

（7）用拉拔仪测定各拔头的拉拔强度（记为"初始拉拔强度 H_0"），作为沥青-集料界面黏附性的表征以及后续自愈合情况的参考；根据标记，将拔头放回破坏面，并轻压拔头顶部，使得拔头底部边缘与石料表面接触。

（8）将试件放入 25 ℃ 水浴箱，开始自愈合过程；经过一定愈合时间后，重复第（4）～（6）步，测试即可得到多次破坏-自愈合循环条件下试件的恢复强度值 H_k。

5.2.3 评价指标

本章将采用拉拔强度 H_0（拉拔试验直接测得）来评价沥青-集料界面黏附性，采用愈合强度 H_k 和愈合率 δ 这两个指标来评价沥青-集料的黏附性自愈合特性。不同评价指标的定义如下：

初始拉拔强度 H_0：初始状态下，用拉拔仪测定各拔头的拉拔强度即为 H_0，此值作为沥青-集料界面黏附性的表征以及后续自愈合情况的参考基准。

愈合强度 H_k：经过一定的自愈合时间，在试件经历多次破坏—自愈合循环条件下试件的恢复强度值，即为愈合强度 H_k，k 代表自愈合的次数。

愈合率 δ：试件经历一定自愈合时间后测试得到的愈合强度 H_k 与初始拉拔强度 H_0 的比值，即为愈合率 $\delta = (H_k/H_0) \times 100\%$。

5.2.4 黏结效果评价

高性能薄层专用黏层油是一种超黏自愈非乳化黏层油，具有黏结性好、自愈、自黏的优点。Novachip 黏层油为工程中应用较为广泛的黏层油，因此选取高性能薄层专用黏层油和 Novachip 乳化黏层油的黏结效果进行对比。在制备完样品后，先把样品放在室温下冷却 1 h，随后分别将两种黏层油放在 25 ℃ 干燥环境和 40 ℃ 水浴的条件下养护一定的时间，随后进行拉拔试验，结果见图 5.6、图 5.7。

由图 5.6 可知，在干燥条件下，养护时间为 2 h 时，两种黏层油就已经基本形成了较大的强度。随着养护时间的延长，在 48 h 时拉拔强度逐渐取得最大值，养护时间超过 48 h 后初次拉拔强度几乎不再增长。最终超黏自愈非乳化黏层油的初次拉拔强度超过了 2.0 MPa，比 Novachip 乳化黏层油的强度高了约 1.0 MPa，拉拔强度是 Novachip 乳化黏层油的两倍。在实际的使用过程中，超黏自愈非乳化黏层油将表现出更为牢固、持久的黏结特性。

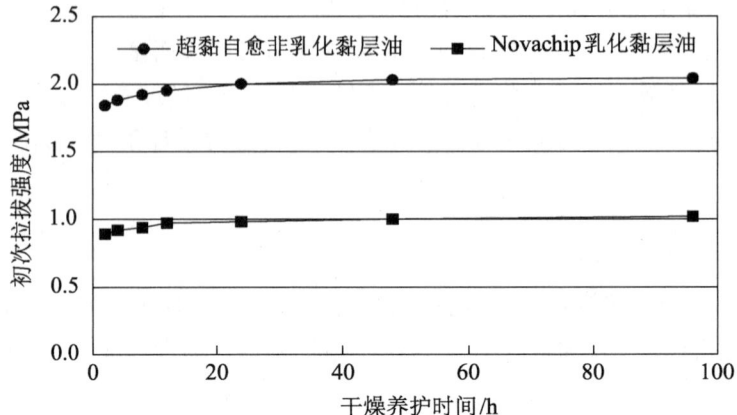

图 5.6 干燥条件下两种黏层油初次拉拔强度对比

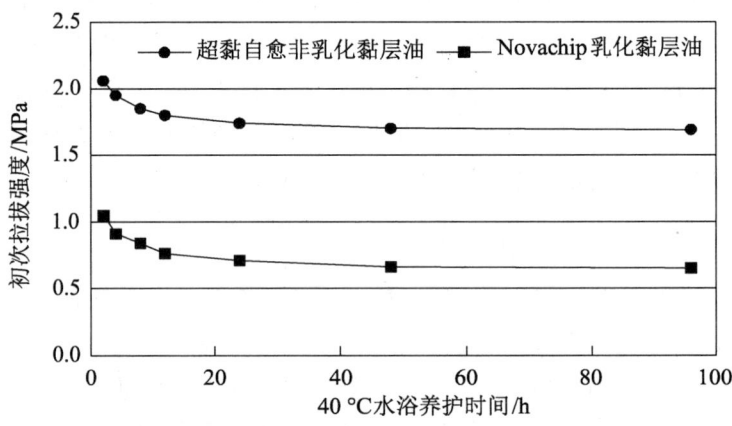

图 5.7 水浴条件下两种黏层油初次拉拔强度对比

由图 5.7 可知，在水浴条件下，黏层油的拉拔强度随着养护时间的延长而逐渐减小，养护时间为 48 h 时，拉拔强度逐渐稳定，取得最小值。最终超黏自愈非乳化黏层油的初次拉拔强度为 1.7 MPa，比 Novachip 乳化黏层油的强度高了约 1.0 MPa，拉拔强度是 Novachip 乳化黏层油的 3 倍。在实际的使用过程中，潮湿的环境下，超黏自愈非乳化黏层油将更为黏固、防水、防潮。

养护时间为 48 h 时，两种黏层油都取得了稳定值，因此选择 48 h 的养护时间，测定两种黏层油在干燥和水浴条件下的初次拉拔强度、愈合拉拔强度、自愈合率，以评价两种黏层油的黏结性能和自愈合性能，结果见图 5.8。

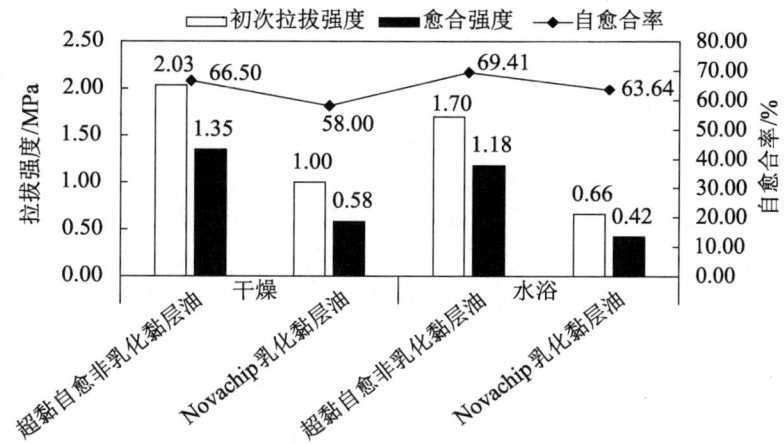

图 5.8 两种黏层油在干燥和水浴条件下养护 48 h 后的拉拔结果

由图 5.8 可知，不论干燥还是水浴条件，超黏自愈非乳化黏层油的初始拉拔强度、愈合强度均比 Novachip 乳化黏层油要大。在经过 48h 的水浴过后，超黏自愈非乳化黏层油的黏结强度均超过 1 MPa，表明这种黏层油均能满足黏层的初始强度要求，能够保证高性能薄层的层间黏结效果。不过考虑到路面的黏结会因施工条件、交通荷载和路面环境而变化，不会出现理想的黏结效果，尤其是初期黏层油被施工机械带走部分或出现部分层间脱开，有必要考虑黏层油在后续交通荷载条件下能否继续发挥黏层效果，采用不同的愈合次数来模拟黏层油发生二次或多次再次黏结过程。

自愈合方面，超黏自愈非乳化黏层油具有较好的二次黏结效果，其在水浴条件下的愈合强度在不利条件下依然达到 1.18 MPa，远大于 Novachip 乳化黏层油的 0.30 MPa，同时超黏自愈非乳化黏层油的愈合率也优于 Novachip 乳化黏层油，达到 70%左右。考虑黏层的长久作用，超黏自愈非乳化无论在黏结强度数值还是愈合率上，均优于 Novachip 乳化黏层油。综合拉拔试验结果看，超黏自愈非乳化黏层油的黏结强度达到 2.03 MPa，强度方面已经足够满足黏层的黏结要求（混合料劈裂强度约 1.5 MPa，黏结要求不会超过混合料强度），且其经历剥离再次黏附时强度较高，同时黏附强度的自愈合率也较高，体现出其对层间黏结效果在长期、复杂环境下难以提供持久良好的黏附性。在干、湿条件下的愈合方面，超黏自愈非乳化黏层油体现出了良好的愈合特性，在经历剥离后再次黏附效果优良。超黏自愈非乳化黏层油的愈合效果良好，体现了其良好耐久黏附性的特点。

5.3 多次破坏自愈合效果评价

实际路用状态下,发生黏附性破坏或产生微裂缝的路面在自愈合过程中仍可能继续受到水、车辆荷载等外来作用的影响,从而影响自愈合进程或直接发生再次破坏;再次破坏发生后,随即开始新一轮的自愈合过程。如此循环往复,沥青-集料间的黏附性会基于多次破坏-自愈合过程中形成的愈合强度达到新的平衡,即多次自愈合的稳定强度,并导向不同的宏观表现。较大的稳定强度使得沥青-集料能在不断的自愈合过程的基础上保持较好的黏附性,路面不会发生剥落;较小的稳定强度则会最终导致在水、荷载的反复作用下路面的黏附性破坏或层间脱落。因此,需要注意的是初始强度高的沥青混合料并不意味着它就比初始强度低的混合料表现出更好的抗水损害性能,沥青与集料界面在经历多次破坏-愈合后的稳定强度也应给与充分考量。因此,探究沥青-集料界面在多次破坏-自愈合过程中的自愈合特性,对研究沥青路面在长时间运营过程中的性能变化、路面日常养护管理、研究长寿命路面材料具有指导意义。

课题基于拉拔试验对上述超黏自愈非乳化黏层油和 Novachip 乳化黏层油进行多次破坏-愈合循环来模拟沥青与集料的多次黏附性自愈合过程。每个试件可以经过多个重复循环,测得最终的愈合强度。直到所能恢复的强度稳定在某个值(称为稳定强度)或者值很小后,试验终止。试验结果及对数函数拟合效果见图 5.9。

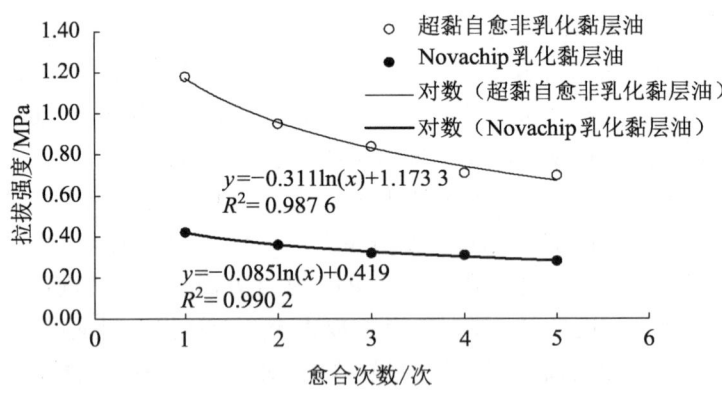

图 5.9 两种黏层油在水浴条件下多次愈合效果对比

从结果可见,多次愈合条件下超黏自愈非乳化黏层油的效果要优于 Novachip 乳化黏层油。同时在后续多次愈合过程汇总,两种黏层的黏结强度均随愈合次数增加而降低,但黏结强度上超黏自愈非乳化黏层油始终大于 Novachip 乳化黏

第 5 章 高性能超薄罩面层间黏结黏层油的研发与黏结方案优选

层油,反映出超黏自愈非乳化黏层油具有良好的黏层脱落后再次产生黏结作用的能力,即实际环境的适应性与提供连续黏结能力。

5.4 混合料黏结性能验证

为进一步验证高性能薄层混合料的黏结效果,分别采用三种混合料试验,即室内拉拔试验、室内斜剪试验和室内旋回车辙试验,对高性能薄层的实际路用性能进行评价。

5.4.1 混合料室内拉拔试验

首先,研究选择室内拉拔试验,通过万能力学试验机对试件进行拉拔,以抗拉强度为混合料黏结性能的评价标准。室内拉拔试验的评价指标为抗拉强度,试验温度为 20 ℃,试验仪器为万能试验机,端面为 100 mm×100 mm,厚度为 60 mm。荷载加载速率为 1 mm/min。为了保证评价结果的准确性,本次试验采用现场铺筑试验段,钻芯取样的方式成型试件,同时为探究高性能薄层与原路面层黏结强度随铺筑时间延长的变化规律,取芯试件分两批取样,即开放交通前取样(代表初始黏结强度)、开放交通一段时间后取样(后期强度)。混合料拉拔强度试验结果见表 5-1,拉拔试验过程破坏示意图(第一批取样)如图 5.10。

表 5-1 黏结试验(20 ℃)拉拔强度(MPa)结果

试件编号		1#	2#
开放交通前第一批取样	初始强度/MPa	0.608	0.702
开放交通一段时间后第二批取样	后期强度/MPa	0.851	0.981
强度变化		40%↑	39.7%↑

由图 5.10 可知,开放交通前第一批取样的两个混合料试件破坏位置均在原路面层,这说明高性能薄层与原路面黏结效果较好,高性能薄层与原路面层黏结位置并未发生破坏,未见任何破坏痕迹;再者,在此拉拔试验中,都未发生高性能薄层混合料的破坏,说明高性能薄层沥青混合料自身的黏结性能良好,混合料的均匀稳定性较好,达到了预期的设计目标,保证了优异的路用性能。同时,由表 5-1 黏结强度试验结果和图 5.10 可知,第一批取样的两个试件的拉拔试验强度分别为 0.608 MPa、0.702 MPa,按照山西省地方标准《公路沥青铺

图 5.10　混合料室内拉拔试验（第一批取样）

装层层间结合质量技术要求》中表 5-2 不同交通等级沥青路面层间结合黏结强度技术指标的规定，开放交通前的黏结强度完全满足标准的要求。第二批取样的试件的拉拔试验强度分别为 0.851 MPa 和 0.981 MPa，对比两批试件的黏结强度检测结果，分别提升 40%，39.7%。由此可见，随着高性能薄层铺筑时间的延长，在行车荷载的往复压实作用下，高性能薄层与原路面层黏结强度逐步提升，层间黏结效果大幅度提升，有效保证了路面长期使用性能。

表 5-2　不同交通等级沥青路面层间结合黏结强度技术指标（20 ℃）

交通等级	黏结强度/MPa（≥）			检测方法
	上、中面层	中、下面层	面层、基层	
特重交通	0.39	0.29	0.22	黏结强度检测方法
重交通	0.38	0.29	0.22	
中等交通	0.36	0.29	0.22	
轻交通	0.35	—	0.22	

5.4.2　斜剪试验

斜剪试验的主要思想是模拟层间的受剪切状态，与实际受力状况比较接近。同时试验简单，容易掌控，且试验过程能够一定程度上模拟沥青路面层间剪切状况，因此可以用来评价沥青路面的层间黏结性能。为了进一步研究高性能薄层与原路面的黏结性能，项目组进行了室内斜剪试验，试验温度为 20 ℃，剪切角为 30°，采用 100 mm×100 mm 的方形试件，试件厚度为 60 mm。斜剪试验主要用于评价黏结层抗剪切能力。但常规的斜剪试验主要用于测试刚性层之间的黏结强度或者刚性层与柔性层之间的黏结强度，该次试验的柔性层与柔性层之间的抗剪切黏结强度检测较为少见，试验过程中发现难以得到试件完全破坏的抗剪切强度，试验荷载与位移曲线见图 5.11。通常认为，试验荷载出现第一个台阶时，即为黏结层的破坏强度，随着试件变形的增大，柔性结构层的受力发生变化，此时试件的主要受力不再是剪切应力，后续的强度也不再是抗剪切强度。

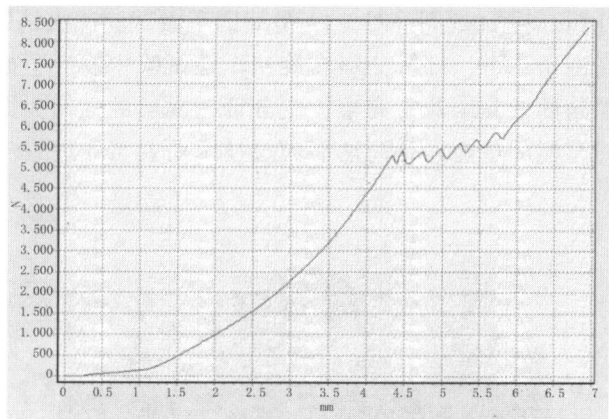

图 5.11　斜剪试验位移-荷载图像

斜剪试验过程进行的示意图见图 5.12。从试验结果试件的形态观察来看，试件高性能薄层与原路面层之间几乎看不出层间滑移，说明高性能薄层技术的层间黏结性能较好，能够保证高性能薄层与原路面很好地结合在一起，保证其路用性能。

图 5.12　斜剪试验过程

5.4.3 旋回车辙试验

高性能薄层厚度仅为 1.2~2 cm，充当的是路面功能层，路面实际承重的仍为原路面结构层。对于城市道路，路面功能层在交叉口区域最易产生破坏，主要原因在于交叉口有频繁的汽车制动、转弯和调头工况，为了模拟路面在汽车转弯和调头阶段的工况，项目组引进了旋回车辙试验。通过旋回车辙试验，转动车辙板试件以模拟路面在转弯和调头时的应力状况，对沥青混合料的抗变形和抗剪切性能进行评价。旋回车辙试验的试验条件为，荷重 68.6 kg，试验温度 60 ℃，转速为 1 min 转 10.5 圈。图 5.13 是旋回车辙试验试验结果示意图。图中可以看出，在高温条件下，部分集料在旋回车辙试验中发生了推移，但高性能薄层下部与模拟路面的黏结非常完整，充分证明黏层的强韧。提升高性能薄层混合料抵抗旋回车辙的性能，是高性能薄层技术研究工作进一步开展的重要关注点。

图 5.13 旋回车辙试验

综上所述，引进三种沥青混合料试验——室内拉拔试验、室内斜剪试验和室内旋回车辙试验，对高性能薄层的实际路用性能进行评价。结果表明：通过专门优化，高性能薄层混合料本身的黏结性能及与原路面的黏结性能良好，是一种经济有效的预防性养护新技术。

第6章 高性能超薄罩面层间黏结强度理论计算分析

高性能薄层的厚度较薄,在实际的车辆荷载作用下容易产生黏结破坏,破坏的原因大致归于两类:一类为抗拉拔强度不足,另一类为抗剪强度不足。由于在实际摊铺成型较长时间之后,移动的车轮荷载很难使罩面底层发生拉拔的效果,只能在表面黏附一定的石料颗粒,故此处以抗剪强度来表征黏结效果。

6.1 计算参数

考虑超薄层沥青加铺层,选取沥青路面5层结构,总厚度为76.5 cm,在路面顶部作用标准行车荷载0.7 MPa,两荷载圆半径为10.65 cm,圆心距为31.95 cm。模型的深度为3 m,宽度为6 m。路面尺寸及结构参数(已经折减)如表6-1所示。

表6-1 路面结构计算参数

层位名称	厚度/mm	回弹模量/MPa	泊松比
高性能薄层沥青砼罩面	15	426	0.30
旧沥青路面面层	150	1 000	0.25
半刚性基层	400	1 500	0.25
底基层	200	1 000	0.25
土路基	—	40	0.35

对模型按轴载作用位置进行分区(网格划分时以0.02 m进行)如图6.1所示,重点考察单轮轮胎正中心、单轮内侧边和两轮轮距中点三处特征位置边界,条件设为三侧反对称条件约束,层间完全连续接触。

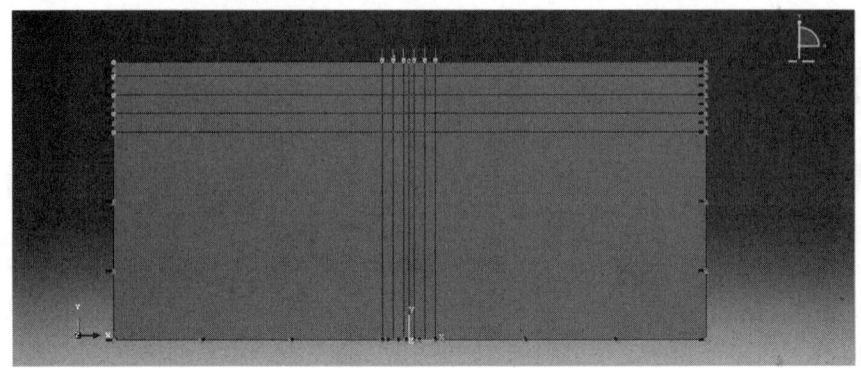

图 6.1　计算模型分区图

6.2　薄层内弯拉应力

计算后的主应变图如图 6.2 所示，标准轴载作用下最大主应变为 0.001 478（-0.001 923 07），最大主压应变（-0.001 923 07）发生在单轮轮载中心附近的超薄罩面中部位置，最大主拉应变（0.001 478）位置为两轮轮距中心位置的土基顶部处。

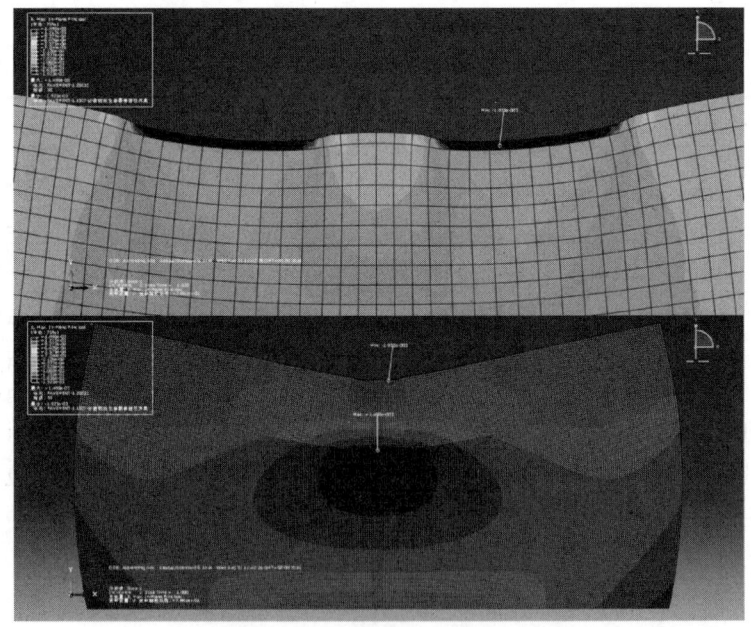

图 6.2　轮载下最大应变云图

图 6.3 所示为水平方向的应力云图,最大拉应力发生在两轮轮距中心土基顶部位置,大小为 1.452 MPa 左右,最大压应力在高性能薄层底部单轮中心偏内侧位置,大小为-1.95 MPa。轮载附近位置的高性能薄层处于压应力作用,沥青材料的抗压强度远大于抗拉强度,故不易发生破坏。

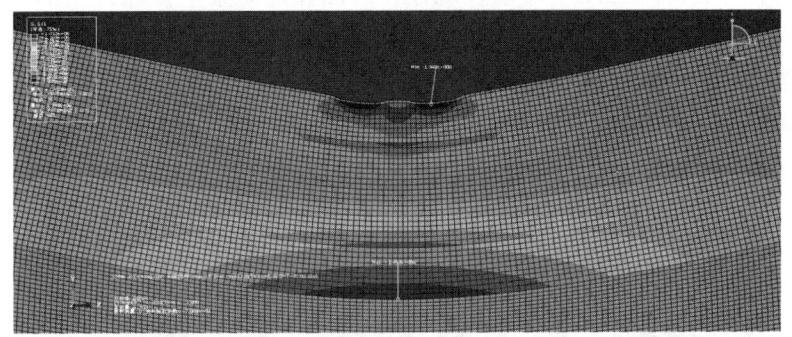

图 6.3　水平方向应力云图

竖直方向应力云图见图 6.4,其中高性能薄层层底最大的拉应力发生在单轮内侧边靠近中央的附近,大小为 74 440.4 Pa,即 0.074 MPa（此处不考虑压应力部分及路表面）,数值极小,事实上这对层间的竖向黏结强度的要求很低,沥青材料均能满足要求,即高性能薄层内不会发生拉拔强度不足导致的破坏。

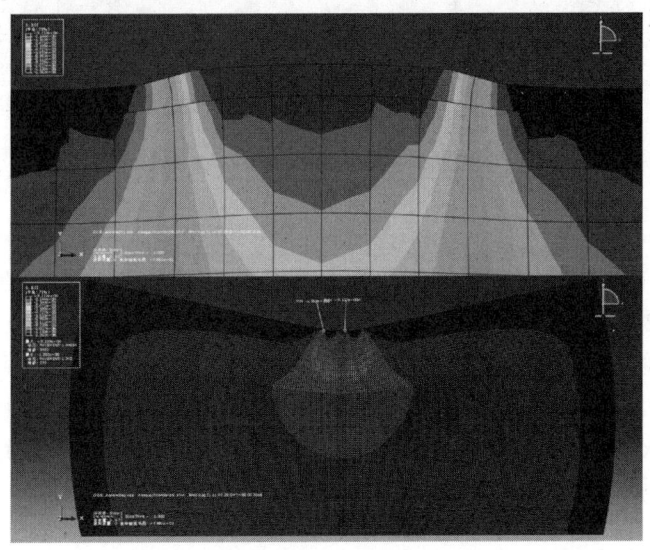

图 6.4　竖直方向应力云图

6.3　薄层内剪切应力

对轮胎下的沥青层剪应力计算结果见图 6.5，可见水平向的剪切力最大值为 381 620 Pa（绝对值），即 0.38 MPa，位置为单轮轴载轮迹外侧深度大概为 3 cm 的位置。事实上，从云图中可以发现存在两部分建立集中区域：一部分在单轮内侧，面积较小，影响深度也较小；另外一部分在单轮外侧，面积很大，影响的深度也较大。高性能薄层的厚度过小、模量又相对较低，使得原本在较深处出现的最大剪应力提前出现，故在云图中出现了剪应力值上移的现象。

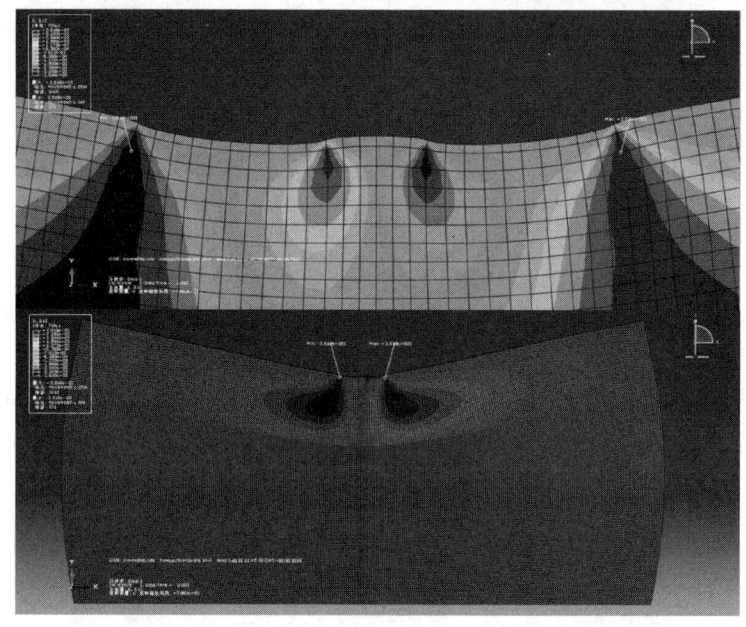

图 6.5　水平剪应力云图

图 6.6 为单轮轮载内侧和外侧剪应力随深度的变化趋势，在高性能薄层底部内侧为 338 122 Pa，外侧边为 335 813 Pa，相差不大，取层底最大剪应力为 0.34 MPa。内侧边位置剪应力影响深度较小，于 0~3 cm 范围内迅速达到峰值，之后迅速减小，于 18 cm 左右基本消失。但在外侧边，剪应力影响范围很大，约 75 cm。从水平方向来看（图 6.7），剪应力主要集中在中心左右 0.45×2=0.9 m 的范围内，分别在对称的两点处出现极值。

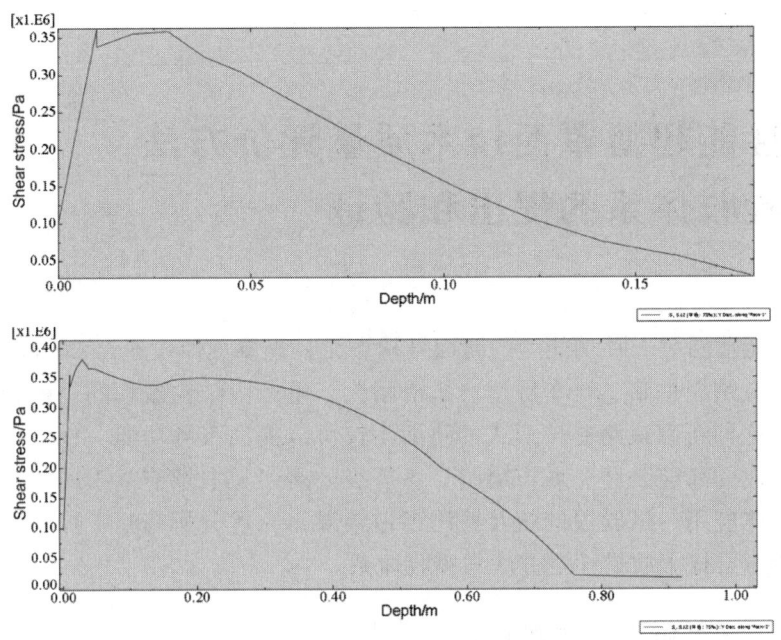

图 6.6　单轮侧剪应力图
（上为单轮内侧边，下为单轮外侧边）

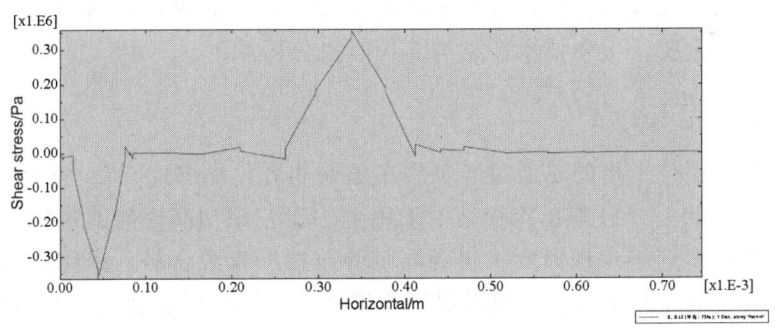

图 6.7　薄层罩面底部轮载中心右侧范围剪应力图

实际设计使用中，为保证一定的安全保证率，将极限强度乘以一定的安全系数 K 转化为实际设计值，这里采用同样的方法，假定安全系数为 2，即 $\tau_{抗} \geqslant [\tau] = 2 \times 0.34 \text{ MPa} \approx 0.68 \text{ MPa}$，而高性能薄层沥青混合料的强度完全可以满足该要求，可见高性能薄层可以保证正常使用要求。

第7章
高性能超薄罩面技术质量评价方法与验收体系的提出和验证

高性能薄层是一种功能型的路面结构，尤其是罩面厚度小于 20 mm 的超薄特性，具有路面平整、行车舒适、抗滑耐久、不产生结构破坏的一种新型罩面新材料。这种新型道路养护形式的路面不仅可以提高服务功能，也可以大范围应用在新建的高速公路、城市道路、各等级公路中。本章节基于前述全国多个工程的具体应用、试验段铺筑及检测评定结果，综述分析其施工控制要点，提出高性能薄层技术质量评价方法与验收体系。

7.1 技术特点与养护时机

高性能薄层技术作为路表功能层，主要作用为路表功能性修复和延长沥青路面使用寿命，路面结构强度主要依托原路面，因此，高性能薄层与原路面的黏结性能十分重要。主要技术特点与养护时机分析如下。

7.1.1 技术特点

高性能薄层技术指的是通过异步洒布超黏非乳化黏层油，在当地普通 SBS 改性沥青的基础上，只需在拌和站中采用干法工艺添加高性能薄层特种改性添加剂与专用抗裂纤维（视需要）得到高黏弹改性沥青混合料，采用传统沥青路面摊铺压实工艺，并结合温拌技术保证施工性能，标配反射裂缝成套防治系统，铺筑的厚 1.2～2.0 cm 的超薄罩面技术（如图 7.1 所示，典型厚度为 1.5 cm）。

该技术具有抗车辙、抗裂、抗滑、低噪等特点，耐久性好，使用寿命长达 5～8 年，各指标均达到或超过《公路沥青路面养护技术规范》中对于超薄罩面的技术要求，适用于不同天气条件、不同交通等级的公路或城市道路沥青路面或水泥路面（隧道、高架桥等）磨耗层功能性罩面，在我国广东、上海、河北等各种气候条件下，具有 7 年以上重载交通 500 多万平方米成功应用经验。

高性能薄层的技术特点如图 7.2 所示。

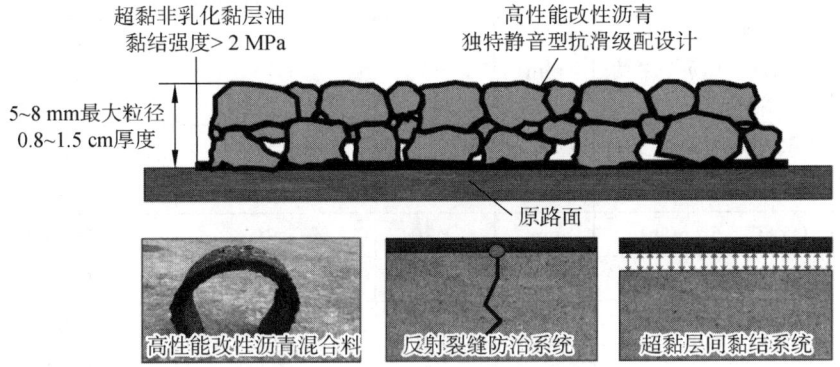

图 7.1　高性能薄层技术原理

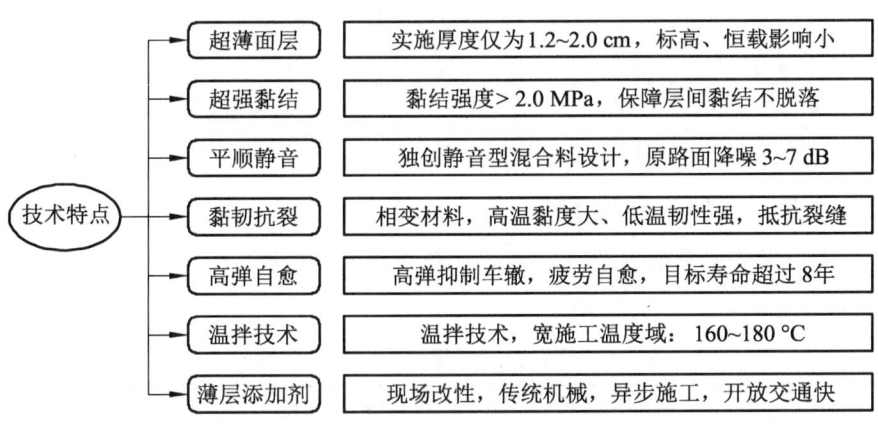

图 7.2　高性能薄层技术特点

7.1.2　组成材料

1. 多能效沥青添加剂

多能效沥青添加剂，添加量为一般沥青用量的 6.0%～10.0%，向普通改性沥青（SBS I-D）中加入多能效沥青添加剂。多能效沥青添加剂需达到表 7-1 的指标要求。

表 7-1 多能效沥青添加剂指标要求

试验项目	单位	规范要求	高性能改性沥青	试验方法
多能效沥青添加剂在165 °C普通改性沥青中的溶解时间	min	—	≤15	多能效沥青添加剂在165 °C普通改性沥青中的溶解时间
针入度（25 °C，100 g，5 s）	0.1 mm	40~60	40~60	T0604
软化点	°C	≥75	≥75	T0605
延度（5 °C，5 cm/s）	cm	≥30	≥30	T0606
60 °C 动力黏度	Pa·s	≥20 000	≥100 000	T0620
135 °C 运动黏度	Pa·s	≤3	—	T0625
150 °C 运动黏度	Pa·s	—	≤3	T0625
离析，48 h 软化点差	°C	≤2.5	≤2.5	T0607
弹性恢复（25 °C）	%	≥85	≥90	T0662
TFOT（或 RTFOT）后残留物				
质量损失	%	±0.5	±0.5	T0610 或 T0609
针入度比（25 °C）	%	≥75	≥75	T0604
残留延度（5 °C，5 cm/min）	cm	≥20	≥20	T0605

2. 高性能改性沥青混合料

高性能改性沥青混合料选用骨架孔隙型级配 OGFC-5，级配总体应满足表 7-2 要求。

表 7-2 高黏弹超薄罩面混合料级配要求

级配要求	各筛孔通过率/%					
	9.5	4.75	2.36	1.18	0.6	0.075
	100	60~100	12~35	11~19	8~15	2~7

高性能超薄罩面沥青混合料应满足表 7-3 中的各项技术要求。

表 7-3 高性能超薄罩面混合料技术要求

试验项目	单位	规范要求	高性能超薄罩面混合料	试验方法
击实次数（双面）	次	75	75	T0702
试件尺寸	mm	$\phi 101.6 \times 63.5$	$\phi 101.6 \times 63.5$	T0702
孔隙率 VV	%	13~18	13~18	T0708

续表

试验项目	单位	规范要求	高性能超薄罩面混合料	试验方法
矿料间隙率 VMA	%	≥18	≥18	T0709
沥青饱和度 VFA	%	20~50	20~50	T0709
稳定度	kN	≥6	≥6	T0709
残留稳定度	%	≥85	≥85	T0709
冻融劈裂强度比	%	≥80	≥80	T0729
车辙试验动稳定度	次/mm	≥2 500	≥4 000	T0719
沥青析漏试验的结合料损失	%	≤0.1	≤0.1	T0732
飞散试验的沥青混合料损失（20 ℃）	%	≤15	≤10	T0733
油膜厚度	μm	≥9	≥9	—

3. 超黏自愈非乳化黏层油

超黏自愈非乳化黏层油技术要求见表 7-4。

表 7-4 超黏自愈非乳化黏层油技术要求

指 标	单位	要求	超黏自愈非乳化黏层油	测试方法
黏度，25 ℃	mPa·s	50~150	60	T 0625—2011
储藏稳定性试验，24 h	%	≤0.5	0.2	T 0656—1993
干燥时间，25 ℃	h	表干≤1.5	1.0	GB/T 16777—2008
		实干≤7	4.5	
筛上剩余量试验，0.3 mm，25 ℃	%	≤0.1	0.05	T 0652—1993
黏结强度	MPa	≥1.0	2.0	AASHTO T361-16（25 ℃ 养生 48 h 后测试初次拉拔强度）

4. 超黏韧克裂胶技术要求

薄层加铺原路面裂缝处治需要选用性能优良的灌缝胶以防治原路面反射裂缝的产生与发展，然而普通的灌缝胶大多以基质沥青或者普通改性沥青制备而成，反而在高性能薄层加铺后成为薄弱环节，使得本身有缺陷的地方再次成为缺陷。通过大量研究与工程跟踪，提出了超黏韧克裂胶作为薄层加铺专用裂缝处治方案，其需要符合表 7-5 的规定，各指标远超过排水路面中高黏度改性沥青的要求。高要求的软化点指标（≥100 ℃）、高温 PG 分级（≥100 ℃）与黏度指标（60 ℃ 动力黏度＞100×10⁴ Pa·s）是为了保证超黏韧克裂胶具有足够的高温性能，在热拌混合料摊铺时不会出现流淌，以至于提升到表面后造成泛油；高要求的 5 ℃ 延度指标（≥100 cm）可以确保灌缝胶在冬季低温条件下提供足够的抗拉伸能力，承受温缩造成的位移与应变，同时良好的延韧性使得应力在灌缝胶中得以吸收与消散，抵抗反射裂缝；170 ℃ 运动黏度≤1.5 Pa·s 的要求使得灌缝胶在 180 ℃ 左右的加热温度下即可满足施工与灌缝的流淌性要求，同时也避免现场的过度加热造成老化。

目前市场上大部分灌缝胶难以达到表 7-5 中的指标要求，尤其是 5 ℃ 延度。即使是满足表 7-5 要求的成品灌缝胶，通常也需要在现场加热到较高的温度（一般会超过 220 ℃），这一方面需要较长的加热时间，影响施工效率，另一方面，高温会使得成品灌缝胶中的沥青及 SBS 改性剂产生严重的老化与硬化，降低灌缝胶最终的使用性能。因此建议采用现场改性技术，即将基质沥青或普通灌缝胶在现场加热后（可采用灌缝机或简易的加热设备，温度控制在 180 ℃ 左右）添加超黏韧改性剂以达到表 7-5 的指标要求，改性剂的添加量需根据添加后的超黏韧克裂胶达到表 7-5 的指标要求所决定，一般为沥青质量的 20%～25%。

表 7-5 超黏韧克裂胶技术要求

项　目	单位	排水路面高黏沥青指标	超黏韧克裂胶技术指标	测试方法
延度（5 ℃，5 cm/s）	cm	≥50	≥100	T 0605—2011
软化点（TR&B）	℃	≥80	≥100	T 0606—2011
高温 PG 分级	℃	—	≥100	T 0628—2011
60 ℃ 动力黏度	Pa·s	≥50 000	≥100×10⁴	T 0620—2000
170 ℃ 运动黏度	Pa·s	—	≤1.5	T 0625—2011
针入度（25 ℃，100 g，5 s）	0.1 mm	≥50	50～100	T 0604—2011
离析，48 h 软化点差*	℃	≤2.5	≤5.0	T 0661—2011

*注：放宽了超黏韧克裂胶的存储稳定性要求，一方面是因为其具有超高黏度的特点，其中的聚合物改性剂含量更高，另一方面是因为超黏韧克裂胶基本上都是现搅现用。

7.1.3 技术优势

1. 性能优异

能适用于不同路况，满足不同的养护需求，具有良好的高温稳定性、低温抗裂性、抗疲劳开裂、抗反射裂缝以及抗松散能力。

2. 适应性好

特殊相变材料,高温黏度大、抵抗变形,低温黏度小、预防裂缝。适用于南方高温多雨地区,也同样适用于寒冷地区,吸收了温拌薄层技术的宽温域施工特性。

3. 施工便利

无需专用生产设备与施工设备,可操作性强;采用多能效沥青添加剂,在拌和站利用当地普通改性沥青进行干法添加或湿法添加。

4. 性价比高

单价比传统超薄罩面低 10%~20%,使用寿命 5~8 年。

5. 符合规范

满足或超过规范的各类技术指标,低风险、高效果解决养护问题。高性能薄层与市场上常用的薄层技术对比如表 7-6 所示。

表 7-6 同类产品对比表

养护材料	高性能薄层	NovaChip 薄层
符合规范各项指标	符合	部分不符合
典型厚度	1.2~2.0 cm	2.0~2.5 cm
摊铺设备	常规摊铺机	NovaPaver 专用摊铺机
碾压设备	8~14T 双钢轮压路机+胶轮压路机	8~14T 双钢轮压路机
适用范围	高等级公路、城市快速路及标高受限的隧道、桥面	标高及荷载无限制的高等级公路
针对病害	泛油、抗滑不足、噪声大、麻面、轻微松散、1.5 cm 以内车辙	泛油、抗滑不足、噪声大、麻面、轻微松散、1.5 cm 以内车辙
黏层油洒布量	0.1~0.15 kg/m², 不易聚集	0.8~1.0 kg/m², 不适用于车辙较深或坡度较大路段
开放交通	无需养护,终压结束半小时后即可开放交通	无需养护,路面温度降至 40 ℃ 以下开放

续表

养护材料	高性能薄层	NovaChip薄层
行车舒适性	平稳舒适、噪声小	平稳舒适、噪声小
温拌技术	专用添加剂含温拌技术，施工温度域宽	无，需要较高施工温度
沥青提供方式	专用添加剂，施工单位采用普通改性沥青现场添加即可	成品沥青
使用寿命	5~8年	4~6年

7.1.4 养护时机

从道路外观看，整体路况较好，各种病害的破损面积不超过道路总面积的10%，路面大面积为致密、光滑发亮的情况，抗滑性能不足。

道路病害以沥青混合料上面层局部出现的裂缝、龟裂、车辙、松散、坑槽、泛油等为主。

严重的路面下沉、破碎需处理水泥混凝土、水泥稳定碎石等底基层的病害面积不超过道路总面积的5%。

7.2 施工质量控制要点

7.2.1 路面施工前准备

高性能薄层主要用于预防性养护和非结构性损坏的养护，并不能作为结构补强层。路面病害必须处置，包括其结构完整性恢复和表面坑槽、裂缝等缺陷的修补。彻底清扫路面，清除路面杂物，并保证路面施工时处于干燥状态。尤其是原路面局部结构强度不足的，需根据具体情况选择合适的方案进行补强。原路面车辙在1.5 cm以下的可直接摊铺高性能薄层，深度1.5 cm以上的不适合做高性能薄层；原路面裂缝宽度大于5 mm的应进行灌缝处理；原路面坑槽、松散等局部破损应彻底挖补；原路面拥包等隆起型病害应提前处理。高性能薄层施工流程，基本包括拌和出料—喷洒黏层油—摊铺—碾压—成型—开放交通，具体见图7.3。

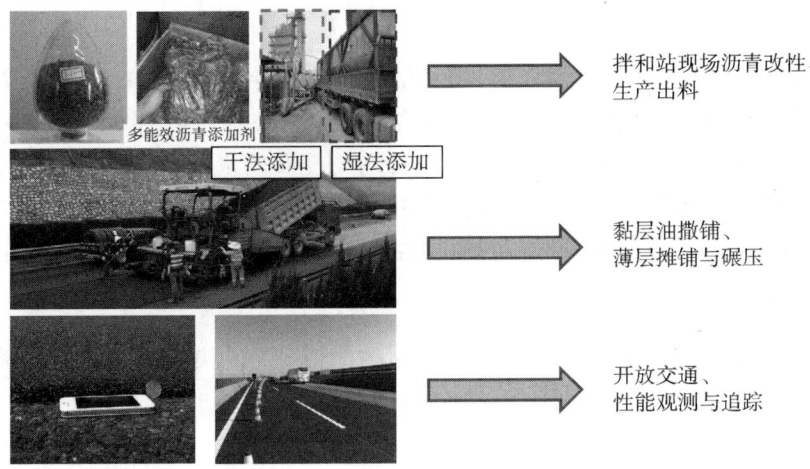

图 7.3 高性能薄层施工流程

7.2.2 黏层油施工

在原路面与高性能薄层加铺层间应均匀洒布黏层沥青。黏层油施工应注意其他工程施工的安排和衔接,以最优化施工时间。

原有道路的地面标线,道路双黄分隔线需铣刨或打磨处理露出原路面,车道分隔线等白色标线状态完好无破损时可不做处理,若已出现破损剥落则需要进行铣刨或打磨处理以露出原路面,而后进行黏层油喷洒。

依据原路面的粗糙度、泛油情况等确定,喷洒时标线及裂缝处应适当增加用量,摊铺接缝处需喷洒黏层油。黏层油与摊铺可以采用同步施工,也可采用异步施工,即喷洒黏层油与摊铺高性能薄层沥青混合料同步进行或先喷洒黏层油而后摊铺高性能薄层沥青混合料。当采用同步施工时,要求同步摊铺机械具有喷洒功能。为保证黏层油的良好黏结效果,宜在摊铺高性能薄层前 30~90 min 撒布黏层油,需保证工作面不被污染,若出现撒布黏层油后工作面出现树叶等杂物,需安排人工拣出后方可摊铺。

7.2.3 沥青砼面层的施工

1. 气候条件

高性能薄层施工过程现场气温一般不得低于 10 ℃,不可雨中施工。当气温低于 10 ℃,能够保证沥青混合料摊铺时温度大于 160 ℃ 也可施工,但应保证混合料摊铺平整与碾压密实。

2. 集料

用于沥青面层的碎石材料应采用大型联合碎石专用设备（如反击式破碎机）进行加工，粗集料的规格应按《公路沥青路面施工技术规范》（JTJ F40—2004）的规定生产和使用。所有进场材料应进行均匀性及质量抽捡，不符合技术指标要求的材料不得进场。细集料应有防雨遮盖措施，矿粉应集中堆放于室内干燥处。料源应稳定，并加强原材料的质量控制，尽量减少材料过大的变异性。

3. 沥青

高性能薄层改性沥青应与普通沥青储罐严格分开，并有防水避雨设施，严禁混用。

4. 设备

（1）采用间歇式热拌和站，根据工程量合理安排生产能力，一般要求生产能力大于 120 t/h。

（2）高性能薄层采用分步施工工艺，喷洒黏层油后进行温拌沥青混合料的摊铺，需要黏层油喷洒机，要求喷洒机能够控制喷洒量在 $0.1 \sim 0.15\ kg/m^2$，根据工程合理安排喷洒机台数。

（3）高性能薄层摊铺厚度为 1.5 cm 左右，要求摊铺机具有良好的薄层摊铺能力，可控制摊铺厚度到 1.5 cm，一般选用 Vogel、Dynapac、ABG 等进口品牌，要求加热方式为电加热。

（4）高性能薄层使用 8～14T 双钢轮压路机+胶轮压路机碾压。

（5）混合料运输采用自卸式卡车，并有保温、防水和防风措施。

（6）其他设备和小型机具同常规沥青罩面施工。

5. 拌和生产

（1）生产前检查拌和楼状态，保证处于正常工作状态，注意拌和楼的计量系统、温度传感器系统等的准确与有效显示。因高性能薄层为微薄层，生产前需清空拌和楼热料仓，以防大粒径颗粒混入高性能薄层混合料中。

（2）生产前，应将拌和楼沥青管道中的沥青清理干净，以免与高性能薄层特种改性沥青混合。为了保证胶结料流动性，生产前需将胶结料加热至可以通过管道泵送与剂量状态，一般为 140～160 ℃。

（3）生产时应适当调整冷料进料比例和速率，保证热料仓集料与生产匹配。拌和时根据设计进行适当的除尘处理。拌和时间采用 40～50 s，严格控制拌和温度，高性能薄层出料温度应控制在 160～180 ℃。

（4）生产过程注意检测出料温度，需在要求范围内，拌和后的沥青混合料应均匀一致，无花白，无粗细料分离和结团成块现象。

6. 混合料运输

运料车必须清理干净车厢，车厢内不能有残存沥青混合料，切实保证运输中不会出现杂料混入高性能薄层混合料现象。运料车的车厢底部和侧面板涂刷适当的油水混合物作隔离，其中所用的油应不溶解沥青。装料时车辆须前后移动，以避免混合料发生离析。每辆运输车在运输过程中必须盖布防雨、防尘与保温。一定要根据拌和机的生产能力、摊铺速度、运距长短来计划车辆数，以保证摊铺连续。料车到工地后，应由专人指挥倒料。料车应停在摊铺机前 10～30 cm 处，由滚筒推动料车同步前进，边前进边倒料。

7. 混合料摊铺

必须选用有自动找平装置、有预压实装置的摊铺机。摊铺机应配备足够人员，除正常摊铺所需人员外，需增加 1～2 名补料人员以修补可能出现的摊铺缺陷，摊铺机前应配备 1 名人员清除路面杂物。检查摊铺机各部件组合正确完整，料斗、熨平板必须干净整洁，不能出现杂料尤其是粒径大于 4.75 mm 的颗粒。提前 0.5～1 h 预热熨平板至 160 ℃ 左右。设定摊铺厚度，调整夯锤、熨平板的振动频率，以确保沥青混合料起步后平整密实。高性能薄层沥青混合料摊铺温度为 160～180 ℃。摊铺起步速度控制在 2～4 m/min，待正常后以 3～10 m/min 速度向前均匀连续摊铺，并根据旧路面情况进行调整，车辙越深，摊铺速度越慢，以保证平整度。由于摊铺厚度较薄，混合料颗粒较细，摊铺时可能不均匀，应对混合料摊铺厚度不足之处予以人工加料。熨平板产生的刮痕应当及时人工加料整平。出现大粒径石料时，应当及时挖除并进行人工补料。路面未压实前，施工人员不得随意进入踩踏已摊铺路面。

8. 混合料碾压

在控制温度条件下碾压，最佳碾压温度为 110～130 ℃，同时以碾压时不黏轮作为最高碾压温度控制标准。碾压前，需喷水将钢轮清洗干净。碾压期间，压路机钢轮表面保持洒水湿润，以防止黏轮。采用 8～14 T 双钢轮压路机碾压两次最后胶轮压路机复压收光。薄层混合料降温快，需要及时碾压，压路机以不黏轮为准紧随摊铺机。摊铺后如出现降雨必须快速碾压。碾压速度控制在 8 km/h，压实次数可根据现场情况调整,主要原则是避免石料压碎,防止路表泛白。

9. 接缝处理

高性能薄层摊铺应尽量减少横缝、纵缝冷接缝数量,尽量摊铺时同步摊铺处理热接缝。一个工作面结束后,作为表层的横向接缝均应错开 1 m 以上,以便于下一个摊铺工作日时进行梯队摊铺。当半幅施工产生纵向冷接缝时,加铺另半幅前应在冷接缝处涂洒黏层沥青,正常摊铺使热混合料与冷接缝平顺对齐,并安排人工将接缝处混合料拉平齐,从而避免接缝处混合料过多。压路机碾压时沿接缝纵向碾压成为一体,充分压实,连接平顺。

10. 施工中的温度控制

混合料生产过程中,根据高性能薄层改性沥青厂家提供技术参数确定热拌沥青混合料的适宜施工温度,可参照表 7-7 实施。开放交通时的路表温度不得高于 40 ℃。

表 7-7 高性能薄层沥青混合料施工温度范围　　　　　单位:℃

项目	温度
沥青加热温度	160~180
集料加热温度	160~180
出料温度	170~180
到场温度(不低于)	160
摊铺温度(不低于)	150
初压温度(不低于)	110
混合料储料仓储存温度	储存过程中温度降低不超 10

11. 养护与开放交通

在夏天,高性能薄层在压实结束后建议养护 4 h,使路面形成初始强度,如需立即开放交通,可通过配方调整,可以快速开放交通(路面温度降低至 50 ℃ 即可开放交通)。养护期间,高性能薄层路面上不得有行人与车辆,防止路面出现颗粒被带走情况。在秋冬季节,铺筑后路面温度低于 50 ℃ 即可立即开放交通。开放交通需快速,保证车辆正常通过,不出现刹车现象。施工总时间一般控制在 4 h 以内,快速高效。

7.3 质量评价方法与验收体系的提出和验证

7.3.1 高性能薄层技术施工相关的建议

对高性能薄层技术的施工及验收提出以下参考性建议：

（1）为了保证高性能薄层与原路面层较好的黏结，原路面车辙和裂缝等病害必须进行预先修复处理，避免对高性能薄层层铺装早期损坏。

（2）对于高性能薄层层混合料，原材料质量的控制尤为重要，尤其是胶结料和黏层油的质量控制，在大面积施工时要加大原材料的抽检频率。高性能薄层技术强度的形成主要靠沥青胶结料的黏结能力，因此对沥青胶结料性能的要求很高。

（3）高性能薄层技术厚度仅为 1.2～2.0 cm，摊铺过程中，混合料温度下降很快，为了保证路面压实度，建议加入温拌助剂，热拌温铺，同时采用一体式摊铺机进行施工，保证路面施工质量。

（4）通过各个阶段的技术优化，高性能薄层技术能够很好地满足预防性养护要求，是一种经济实用的预防性养护技术。

7.3.2 质量评定方法与验收体系

参照目前热沥青普通罩面的评价指标和验收体系，选取抗滑指标、厚度和平整度提升比例等指标组成评价与验收体系，并重点关注路面表面层的抗滑系数、BPN 摩阻值和构造深度等抗滑指标，本研究提出了高性能薄层技术质量评定与验收参考标准。

7.3.3 一般规定

（1）按照《公路沥青路面养护技术规范》（JTG5142—2019）的规定，高性能薄层属于功能性高性能薄层（铺筑厚度小于 25 mm），适用于各等级公路预防或部分修复病害、需要改善抗滑等使用性能且结构强度满足使用要求的沥青路面，可作为预防养护措施。

（2）高性能薄层沥青胶结料可采用热沥青、温拌或冷拌改性沥青，应根据路面损坏状况、改善使用功能、施工条件、工程经验等因素进行选用。

（3）沥青路面部分车道进行高性能薄层时，应做好横坡顺接，保障排水顺畅。

（4）高性能薄层应采用机械化作业方式，施工前彻底清除原路面的泥土、杂物，保证原路面干净、干燥，并符合下列规定：

① 对原路面损坏程度不超过轻度裂缝、轻度松散、轻微泛油，高差不超过10 cm 的各类变形，可直接实施高性能薄层。

② 对原路面超过上述损坏程度的病害，应按有关规定进行原路面病害处治后，实施高性能薄层。

（5）高性能薄层施工应按《公路沥青路面施工技术规范》（JTG F40）的有关规定执行，并应符合下列规定：

① 高性能薄层与原路面层间应设置具有应力吸收作用的黏结防水层，可对原路面进行拉毛处理，保证高性能薄层与原路面层间黏结良好而不脱落。

② 高性能薄层不应铺筑在逐年加铺的软沥青层上，也不应铺在与原路面黏结不良、将脱皮的沥青薄层上，应先将其铲除与整平，再进行高性能薄层。

（6）高性能薄层施工工艺可分为同步高性能薄层和异步高性能薄层。CPA-7/10 矿料级配类型应采用同步高性能薄层施工工艺，保证黏层与高性能薄层用同一台施工设备同步喷洒和摊铺；对于其他矿料级配类型，宜采用同步高性能薄层施工工艺，也可采用异步高性能薄层施工工艺。

（7）高性能薄层的施工工艺、设备要求与质量控制应按现行《公路沥青路面施工技术规范》（JTG F40）的有关规定执行。

7.3.4　验收标准

1. 一般要求

表面应平整、均匀、密实、无花白料，无轮迹，不应出现泛油、松散、裂缝和明显离析等现象。对于高速公路和一级公路，有上述缺陷的面积（凡属单条的裂缝，则按其实际长度乘以 0.2 m 宽度，折算成面积）之和不得超过受检面积的 0.03%，其他公路不得超过 0.05%。半刚性基层的反射裂缝可不计作施工缺陷，但应及时进行灌缝处理。纵向接缝应紧密、平顺。

2. 实测项目

因高性能薄层开放交通后路面整体强度会逐步增加，推荐在开放交通两周左右进行现场项目检测，实测项目见表 7-8。

表 7-8 高性能薄层施工的工程验收标准

检测项目		检测频率	质量要求或允许偏差		检测方法
			一级公路	其他等级公路	
平整度	σ/mm	连续检测	≤1.5	≤1.5	T0932 或 T0934
	IRI/(m/km)		≤2.5	≤4.2	
厚度/mm	均值	5个点/km	不小于设计值		T0912,每个断面挖坑3点
	合格值				
抗滑性能	摆值 F_b	5个点/km	≥55	符合设计要求	摆式仪：T0964
	横向力系数		≥54		T0965 或 T0967
	构造深度		≥0.60		T0961

第8章

纤维复材筋海水海砂路面研究

随着海洋强国的兴起，海洋及港口建筑物增加，混凝土用量随之增加，采用传统混凝土材料用于海洋工程影响建设工期、增加成本，还会加剧天然砂石资源的枯竭、淡水资源短缺，利用海水海砂配制混凝土，能够就地取材，不仅节约成本，还能够避免由于过度开采砂石带来的环境问题。已有的试验结果表明，海水海砂混凝土与普通混凝土具有相似的力学性能，然而海水海砂混凝土中的氯盐会加速混凝土中钢筋的腐蚀，进而降低钢筋混凝土结构的耐久性。解决钢筋锈蚀的问题，又能解决海水海砂混凝土应用的限制，部分学者提出采用纤维复合（FRP）筋替代钢筋是解决钢筋锈蚀问题的有效途径。其中，玄武岩增强复合材料（BFRP）筋因原材料资源丰富、性价比高、发展潜力巨大等优势受到了广泛的关注。但BFRP筋在海洋环境下的耐久性研究需要进一步研究。

8.1 纤维复材筋可行性分析

8.1.1 性能比较

玄武岩纤维是以玄武岩纤维为增强材料，以合成树脂（如不饱和聚酯树脂、环氧树脂、乙烯基酯树脂）为基本材料，并掺入适量辅助剂（如交联单体、引发剂、促进剂等），经挤压工艺和特殊的表面处理形成的一种新型复合材料，具有耐腐蚀、强度高、重量轻、耐电磁的优点。

1. 物理性能

玄武岩纤维筋的主要技术指标及其与钢筋的对比如表8-1所示。

表8-1 玄武岩纤维筋技术指标及其与钢筋对比

技术指标	玄武岩纤维筋（BFRP）	钢筋
密度/（g/cm^3）	1.9~2.1	7.8~7.9
抗拉强度/MPa	≥700	≥500
屈服强度/MPa	≥600	≥800

续表

技术指标		玄武岩纤维筋（BFRP）	钢筋
抗压强度/MPa		≥600	—
抗拉弹性模量/GPa		≥40	210
伸长率/%		≥1.8	≥18
热膨胀系数（×10⁻⁶/℃）	纵向	9~12	≥11.7
	横向	21~22	≥11.7
耐碱性/%		≥75	差
磁化率		≤5×10⁻⁷	较高

2. 力学性能

根据受拉破坏试件受力全过程的实测结果，绘出玄武岩纤维筋典型荷重-应变关系及应力-应变关系，如图 8.1 及图 8.2 所示。由图 8.1 可见，从开始受荷到完全破坏的受力过程中，荷重-应变关系在初期表现为一条斜直线，后期稍有点波折，但不明显。分析材料接近弹性极限时的应变规律，根据应力-应变关系图，玄武岩纤维筋在破坏之前基本呈直线变化，无屈服阶段，破坏形式为脆性破坏。

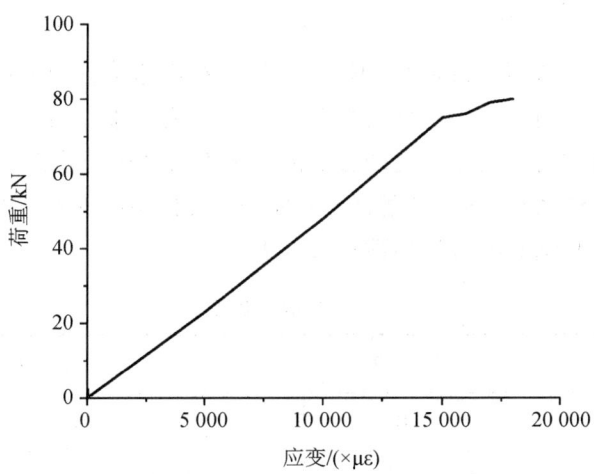

图 8.1 玄武岩纤维筋荷重-应变关系

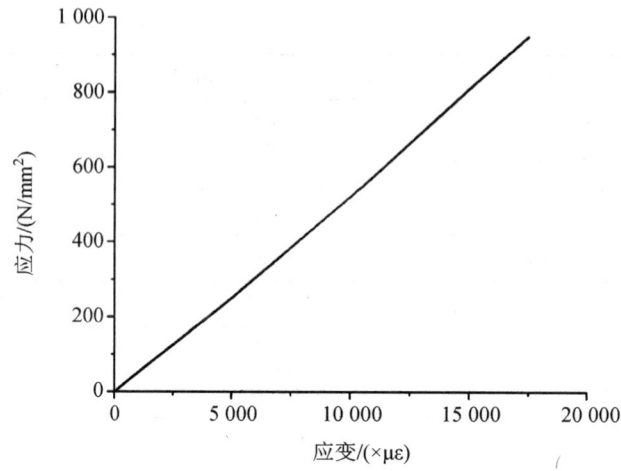

图 8.2 玄武岩纤维筋应力-应变关系

3. 化学性能

化学稳定性是指纤维抵抗水、酸、碱等介质侵蚀的能力,通常以受介质侵蚀前后的质量损失和强度损失来度量。玄武岩纤维中含有 Na_2O、K_2O、MgO 和 TiO_2 等成分,对提高纤维的防水性和耐腐蚀性有重要作用。玄武岩连续纤维比钢筋具有更稳定的化学性能。

8.1.2 力学分析

通过前述对玄武岩纤维筋材的性能分析,在道路工程中采用玄武岩筋取代钢筋在理论上是可行的。但在实际应用时,玄武岩纤维筋由于与钢筋性能方面有差异,对道路的受力是有一定的影响的。下面对其进行分析。

采用大型软件 ANSYS,根据有限元模型,分析路面各参数对荷载应力的影响。水泥混凝土和钢筋的材料参数见表 8-2。

表 8-2 力学分析参数

材 料	弹性模量/Pa	泊松比	热膨胀系数/℃$^{-1}$
水泥混凝土	3.1×10^{10}	0.167	1.0×10^{-5}
钢 筋	2.0×10^{11}	0.300	9.0×10^{-6}
玄武岩纤维筋	4.5×10^{10}	0.200	1.0×10^{-5}

1. 荷载应力

路面板构造与荷位变化见图。选用单后轴双轮荷载,荷载大小为 0.7 MPa,荷位每隔 1 m 从板中向板边移动,从裂缝边中部向板角移动。

计算时,裂缝间距取 2 m,计算结果如表 8-3 所示。

表 8-3 不同荷位下的荷载应力

筋材	荷位 1	荷位 2	荷位 3	荷位 4
钢筋	0.849	1.326	1.388	1.007
纤维筋	0.610	1.270	1.290	0.800

从计算结果中可以看出,由于钢筋与纤维筋性质的差异,在相同情况下配置玄武岩纤维筋道面的荷载应力要比钢筋的略小,但是总体相差不大。同时,CRCP 配筋对荷载应力没有明显作用,横向纤维筋主要对纵筋起支承定位作用,纵向纤维筋主要用于控制裂缝的宽度。在设计过程中应该不考虑纤维筋的加强作用。

2. 翘曲应力

为了与素水泥混凝土板进行比较,确定路面板计算宽度为一个车道宽(3.5 m),裂缝间距 5 m(素水泥混凝土板长),温度梯度取 0.7 ℃/cm,地基与板完全接触,不考虑地基的温度变形,计算连续配筋的翘曲应力,与相同条件下 5 m×3.5 m 的素水泥混凝土板的温度翘曲应力进行比较。计算结果见表 8-4。

表 8-4 不同条件下的翘曲应力

	计算模型	横向拉应力	纵向拉应力	主应力
玄武岩纤维筋	未加筋无自重	1.092	1.869	1.872
	加筋无自重	1.110	0.864	1.120
	加纵筋考虑自重	1.143	0.870	1.150
钢筋	未加筋无自重	1.092	1.869	1.872
	加筋无自重	1.105	0.517	1.128
	加纵筋考虑自重	1.140	0.542	1.150

从计算结果可以看出:

(1)对于 5 m×3.5 m 的素水泥混凝土板,不考虑板的自重,在指定的温度梯度作用下,纵向(即行车方向)拉应力为主要应力,并且明显大于横向拉应力。

（2）对于加筋水泥混凝土板，横向拉应力为主要应力，纵向拉应力急剧减少，并且由于玄武岩纤维筋的质量比钢筋要小，故其纵向拉应力要比钢筋略大。

（3）从分析中可以看出，由于纵向配筋的约束，水泥混凝土板的翘曲应力大大减小，这对水泥混凝土道面的受力是有利的。

8.1.3 设计指标分析

通过前述对玄武岩纤维筋材的性能分析，在道路工程中采用玄武岩筋取代钢筋在理论上是可行的。但在实际应用时，玄武岩纤维筋与钢筋性能方面有差异，对道路的受力是有一定的影响的。

为了对玄武岩纤维筋有更深入的了解，将其与钢筋的各项设计指标进行对比。采用大型软件 ANSYS，根据有限元模型，水泥混凝土和钢筋的材料参数见表 8-5。

表 8-5　力学分析参数

材　料	弹性模量/Pa	泊松比	热膨胀系数/°C^{-1}
水泥混凝土	3.1×10^{10}	0.167	1.0×10^{-5}
钢　筋	2.0×10^{11}	0.300	9.0×10^{-6}
玄武岩纤维筋	4.5×10^{10}	0.200	1.0×10^{-5}

选择不同配筋率（直径分别为 8 mm、10 mm、15 mm 和 20 mm，间距为 100 mm），分别计算钢筋与纤维筋的裂缝间距、裂缝宽度以及应力等设计指标，结果如图 8.3 ~ 图 8.5 所示。

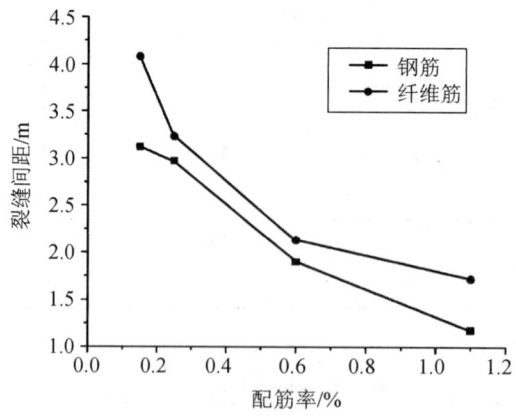

图 8.3　不同配筋率下钢筋与纤维筋的裂缝间距

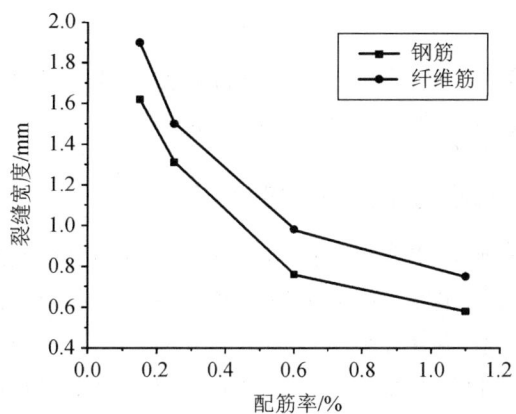

图 8.4　不同配筋率下钢筋与纤维筋的裂缝宽度

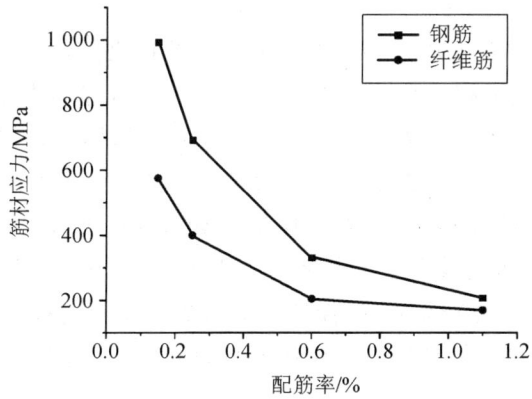

图 8.5　不同配筋率下钢筋与纤维筋的筋材应力

从计算结果可以得到玄武岩纤维筋的三大指标与钢筋有相似的变化规律。但由于玄武岩纤维筋性能上与钢筋的差异，玄武岩纤维筋在路面使用指标上与钢筋有所区别，主要表现在：

（1）配筋率相同时，玄武岩纤维筋的裂缝间距与裂缝宽度要比钢筋大，这主要是因为纤维筋的弹性模量较低，仅为钢筋的 1/4～1/5，同样因为这个原因，相同配筋率下的钢筋应力要比纤维筋应力大得多。

（2）采用低配筋率的玄武岩纤维筋会使得裂缝间距以及宽度有所上升，要大于规范中所规定的设计标准，但是由于玄武岩纤维筋耐腐蚀性能较好，裂缝宽度可以适当放宽。

将玄武岩纤维筋的三大指标与钢筋进行对比，可以得出在道面工程中采用连续玄武岩纤维筋取代钢筋在理论上应是完全可行的。

8.2 海水海砂对混凝土性能的影响

前人的研究多在矿物掺合料的使用以及海砂的使用对混凝土各项性能指标的影响方面。而针对海洋环境中就地取材使用海砂海水制备混凝土，海水海砂对于混凝土的早期工作性以及强度变化影响方面，没有系统的研究。本研究就地取材使用海水海砂制备混凝土，系统研究了海水的使用对混凝土水化热的影响，海水海砂对混凝土自收缩、混凝土孔隙液 pH 以及力学性能的影响，为海水海砂混凝土的推广应用奠定了理论基础。

8.2.1 试验方法

将水泥、硅灰、粉煤灰、钢纤维混配并用搅拌机搅拌均匀，加入海砂继续搅拌均匀，再加入海水和减水剂，机械搅拌 8~10 min 直至搅拌均匀，得到混凝土浆体，装模振动后养护。养护方式分为标准养护和热水养护两种，其中 1~8 组采用标准养护 28 d，9~12 组采用热水养护（具体操作为试块成型 24 h 后拆模移至温度 85 ℃ 恒温水浴箱内养护 48 h），如表 8-6 所示。

通过 TAM-AIR 水泥及混凝土水化热测量仪测量水泥+清水、水泥加粉煤灰与硅灰+清水、水泥加粉煤灰与硅灰+模拟海水的 90 h 水化进程；依据 ASTMC1698 提出的波纹管方法测试新拌混凝土浆体的自收缩；采用固液萃取法制备混凝土孔隙液并测 pH。

表 8-6 不同配合比原材料组成

配合比	养护方式	水泥	粉煤灰	硅灰	钢纤维	减水剂	海砂	河砂	模拟海水	清水
1	标准养护	0.6	0.25	0.15	0.19	0.03	1.4	—	1.4	—
2	标准养护	0.6	0.25	0.15	—	0.03	1.4	—	1.4	—
3	标准养护	0.6	0.25	0.15	0.19	0.03	—	1.4	1.4	—
4	标准养护	0.6	0.25	0.15	—	0.03	—	1.4	1.4	—
5	标准养护	0.6	0.25	0.15	0.19	0.03	1.4	—	—	1.4
6	标准养护	0.6	0.25	0.15	—	0.03	1.4	—	—	1.4

续表

配合比	养护方式	水泥	粉煤灰	硅灰	钢纤维	减水剂	海砂	河砂	模拟海水	清水
7	标准养护	0.6	0.25	0.15	0.19	0.03	1.4		—	1.4
8	标准养护	0.6	0.25	0.15	—	0.03	1.4		—	1.4
9	85 °C 热水养护 48 h	0.6	0.25	0.15	0.19	0.03	1.4		1.4	—
10	85 °C 热水养护 48 h	0.6	0.25	0.15	0.19	0.03		1.4	1.4	—
11	85 °C 热水养护 48 h	0.6	0.25	0.15	0.19	0.03		1.4		1.4
12	85 °C 热水养护 48 h	0.6	0.25	0.15	0.19	0.03	1.4		—	1.4

8.2.2 试验结果与讨论

1. 自收缩

通过试验发现使用海水河砂拌和的混凝土浆体收缩量增幅最先降低，在 140 min 时收缩量增幅开始降低，最终收缩量为河水河砂混凝土的 50%；在 600 min 之前配合比 1、3、5 的收缩量增幅基本相同，配合比 1、3 略高于配合比 5，在 800 min 时配合比 1、3、5 的收缩均达到峰值不再增加，此时配合比 1、3 的收缩量基本相同，为配合比 1 收缩量的 85%。

与使用河水河砂拌和混凝土相比，海水、海砂的使用均能降低自收缩的量以及收缩时间。本试验水化热研究部分发现，使用模拟海水（海砂）拌和混凝土，氯离子（Cl^-）与水泥水解后的 $Ca(OH)_2$ 起反应生成 $CaCl_2$，加速氢氧化钙的溶解、扩散和结晶，使水化反应更加充分，从而导致内部水分更快更多地被消耗；氯离子（Cl^-）的存在使水化峰时间缩短，从而降低了自收缩发生的时间，同时海砂比河砂含泥量更低，粒径更加均匀，有利于抑制自收缩的大小。

2. 力学性能

在水化早期，使用海水（海砂）的混凝土强度高于河水河砂混凝土，养护 7 d 以后河水河砂混凝土抗压抗折强度始终在同龄期混凝土中保持最高；配合比 1、3、5、7 的 28 d 抗压强度分别为 131.9、135.9、143.3、125.33 MPa，抗折强度分别为 37.8、38.21、47.42、34.21 MPa，海水海砂混凝土的抗压强度、抗折强度分别为河水河砂混凝土的 92.1%和 80.1%；热水养护使混凝土抗压、抗折强度均增加，与 28 d 抗压强度相比，配合比 1、3、5、7 分别提高了 22.8%、21.9%、20.9%、26.4%，抗折强度分别提高了 23.1%、25.5%、17.9%、31.5%。

与使用河水河砂拌和混凝土相比，海水海砂的使用一定程度上使混凝土的早期力学性能提升，后期强度有所降低。试验结果说明以海砂作为骨料时，可溶出性盐能够在一定程度上促进水泥的水化，提高砂浆的早期强度。这是因为海砂中含有 NaCl，其中氯离子（Cl^-）与水泥水解后的 $Ca(OH)_2$ 起反应生成 $CaCl_2$，而 $CaCl_2$ 能加快水泥的早期水化，最初几个小时的水化热有显著提高，这主要是由于 $CaCl_2$ 能与 C_3A 反应，在水泥微粒表面上生成水化氯铝酸钙（$C_3A \cdot CaCl_2 \cdot 10H_2O$），可促进 C_3S、C_2S 的水化反应而提高早期强度，但随着水化龄期的延长作用，河砂砂浆的强度增长较快，以河砂为骨料的砂浆抗压强度较高。

热水养护提高了混凝土的早期强度。这是因为热水养护的传热速度较匀速，因为混凝土浸置在水中，随水温缓慢上升，对混凝土结构的破坏作用小。在恒温期间，由于水化反应，混凝土内部温度要高于外部的温度，要向外散热，内部水分要向外蒸发，若用蒸汽养护，混凝土中的水分就易气化、转移，并形成方向性通道，影响混凝土强度。与此同时，热水养护加速了粉煤灰和硅灰的二次反应，早期水化速度快，水化产物多，改善了混凝土的界面，从而表现为热水养护 48h 即超过标准养护 28d 强度的结果。

3. 混凝土空隙液 pH 变化

图 8.6～图 8.9 分别为配合比 1、3、5、7 的 3、7、14、28 d 混凝土孔隙液 pH 变化，配合比 9～12 的混凝土孔隙液 pH 变化。4 种配合比混凝土热水养护 48 h 后混凝土孔隙液 pH 略低于标准养护 28 d 混凝土孔隙液 pH；随着标准养护时间的推移，混凝土孔隙液 pH 呈逐渐降低的变化；距混凝土表面越深，pH 呈增加的趋势；与河水河砂拌和混凝土相比，使用海砂（海水）并未使混凝土模拟孔隙液 pH 发生大幅度降低，同时数据表明单一或同时使用海砂海水对标准养护混凝土孔隙液 pH 几乎不产生影响，而热水养护后使用海水海砂的混凝土 pH 发生了下降，其中同时使用海水海砂的混凝土 pH 最低，最小值达到了 12.01。从混凝土中钢筋锈蚀的机理来看，当 pH>11.50 时，钢筋处于钝化状态。单一或者同时使用海水海砂、标准养护或者热水养护，混凝土 pH 均大于 11.50。

第 8 章 纤维复材筋海水海砂路面研究

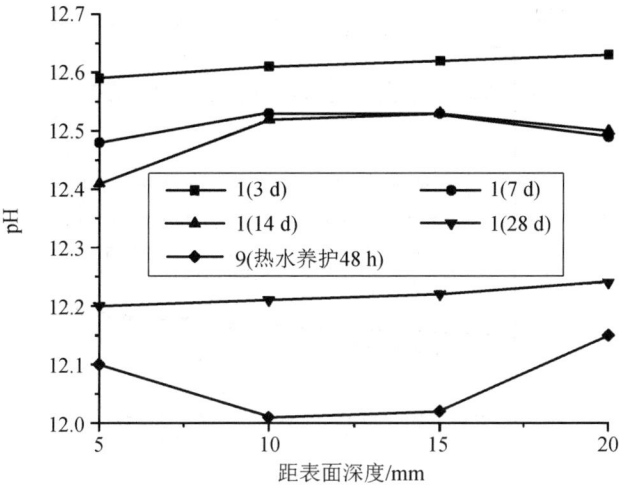

图 8.6 配合比 1 和 9 的 pH 变化图

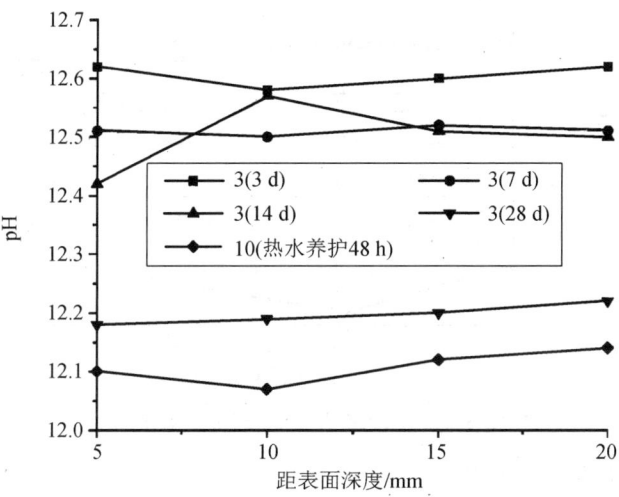

图 8.7 配合比 3 和 10 的 pH 变化图

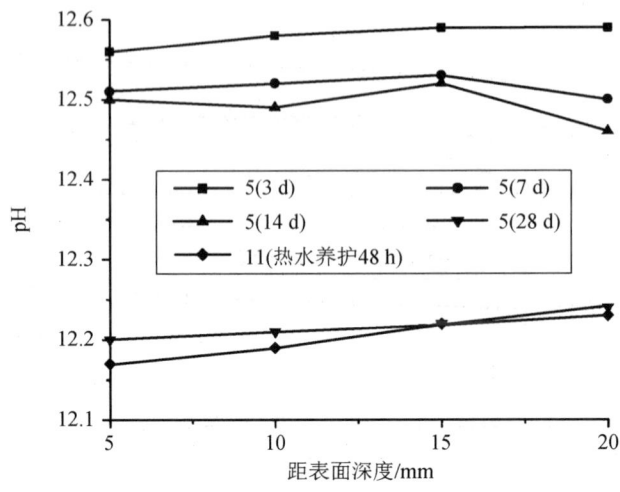

图 8.8　配合比 5 和 11 的 pH 变化图

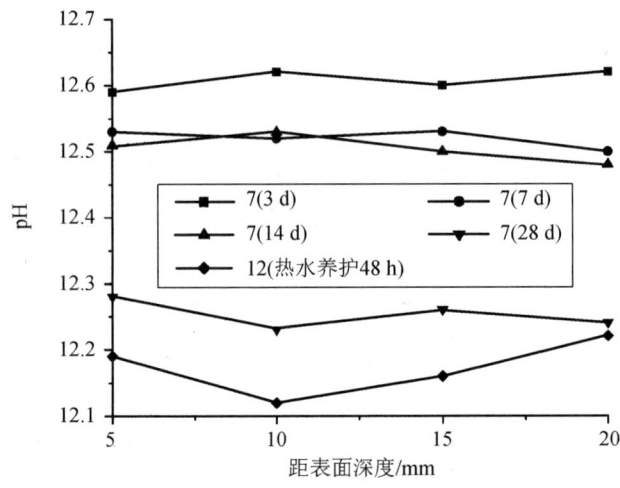

图 8.9　配合比 7 和 12 的 pH 变化图

综合上述结果可以得出：

（1）使用海水、海砂制备混凝土，其中氯离子（Cl^-）可以加速水化使混凝土具备较高的早期强度。海水海砂的使用降低了自收缩量，减少了混凝土裂缝的产生。

（2）使用海水、海砂制备混凝土，加速了混凝土早期强度增长，28d 抗压抗折强度比使用河水河砂制备的混凝土分别降低了 8.6% 和 25.4%；热水养护可以提高混凝土的力学性能，其中海水海砂混凝土的抗压、抗折强度分别提高了22.8%和23.1%，达到162、46.5 MPa。

（3）使用海水、海砂制备混凝土，其混凝土孔隙液 pH 与河水河砂混凝土基本相同；使用热水养护会降低混凝土的孔隙液 pH，最小值 12.01>11.50。

（4）与河水河砂钢纤维相比海水海砂混凝土的力学性能并不逊色，早期工作性更好。但是实际海洋环境中海水海砂混凝土耐久性表现如何，仍需大量试验证明。

4. 抗渗性能

抗渗试验选用水压力试验法，采用型号为 HS-4S 型混凝土渗透仪，所用试件为圆台体试件，一组 6 个，顶面直径 175 mm，底面直径 185 mm，高度 150 mm。

试件成型后 24 h 拆模，将两端面水泥浆膜用钢丝刷刷去，在标准养护室养护 28 d。

抗渗试验前一天将圆台体试件从养护室取出，晾干表面，然后在其侧曲面滚涂一层熔化的石蜡，随即用千斤顶配合装模器将试件压入经烘箱预热过（30~40 ℃）的试件套中，待冷却以后，将试件连同试件套装在抗渗仪上，查看仪器密封情况，确认密封良好后方可进行试验。设定抗渗仪参数从 0.1 MPa 水压开始，最大水压 1.0 MPa，每隔 8 h 增加 0.1 MPa 水压，随时观察试件端面的渗水情况。如果 6 个试验试件中有 3 个试件端面出现渗水现象，停止试验，记下此时的水压。在试验的过程中，如果发现有水从试件四周渗出，则说明试件与试件套密封不紧密，应停止试验，重新密封，再次试验。

混凝土的抗渗等级以每组 6 个试件中 4 个试件未出现渗水时的最大水压力计算。试验测得优选海水海砂混凝土与相同配合比下普通素混凝土的抗渗等级见表 8-7。

表 8-7　优选海水海砂混凝土与传统混凝土的抗渗等级

混凝土	H	S
海水海砂混凝土	0.9	8
传统混凝土	0.7	6

影响混凝土抗渗性的因素有骨料的最大粒径、水灰比、水泥品种、养护方法等。本次试验是在以上述条件都相同的情况下进行的，虽然利用海砂为细骨料，海砂中所含的贝壳由于颗粒形状不规则，影响颗粒间的合理搭配造成混凝

土中孔隙率有所增加，但优选海水海砂混凝土的抗渗性能却还要略好于普通素混凝土。这可能与盐分在混凝土中的存在状态有关，原材料中的盐分有一半左右被水泥固化，形成对混凝土没有危害的结合盐分，剩余的盐分在混凝土孔隙内结晶，体积膨胀，填充了混凝土骨料之间的空隙，使混凝土变密实，提高了混凝土的抗渗性。

5. 碳化试验

采用 150 mm×150 mm×150 mm 标准立方体试件，一组 6 块，配制 8 组。试件在 28 d 龄期进行碳化，碳化试验的试件采用标准养护。在试验前 2 d 从标准养护室取出。然后在 60 ℃ 温度下烘干 48 h。经烘干处理后的试件，除留下一个或相对的两个侧面外，其余表面用熔化的石蜡予以密封。在侧面上顺长度方向用铅笔以 10 mm 间距画出平行线，以预定碳化深度的测量点。把经过密封画线的试件放入碳化箱中，各试件经受碳化的表面之间留有不少于 50 mm 的间距。将碳化箱盖严密封。打开电源，小心拧开与碳化箱配套的二氧化碳气罐阀门，慢慢地向碳化箱中注入二氧化碳，观察碳化箱数显箱内的二氧化碳浓度，微调二氧化碳减压器控制充入箱内二氧化碳的流量，最终保持箱内的二氧化碳浓度在（20±3）%。设定碳化箱箱内的相对湿度，控制在（70±5）%的范围内。控制碳化箱内温度为（20±5）℃。待混凝土碳化到 3、7、14、28 d 时，分别取出各试件，破型以测定其碳化深度，碳化深度测量精确至 1 mm。

通过在标准条件下，即二氧化碳浓度为（20±3）%，温度为（20±5）℃，湿度为（70±5）%的 6 个试件碳化 28 d 的碳化深度平均值来反映混凝土的抗碳化能力。以各龄期计算所得的碳化深度绘制碳化时间与碳化深度的关系曲线，以表示在该条件下的海水海砂混凝土碳化发展规律。

从图 8.10 看出，优选海砂海水混凝土与普通素混凝土的碳化深度都随着碳化时间的增加而增大，在碳化初期普通素混凝土的抗碳化性能要稍好于优选海砂海水混凝土，随着碳化时间的增加，优选海砂海水混凝土的抗碳化性能最终略好于普通素混凝土。分析原因为，碳化初期，优选海砂海水混凝土水泥水化反应不完全，混凝土中自由水相对较多，空气中的二氧化碳进入混凝土较为容易，随着水泥反应充分，加上优选海砂海水混凝土中盐分的结晶膨胀，混凝土越来越密实，孔隙率越来越小，从而阻碍了二氧化碳气体向混凝土内部的扩散。

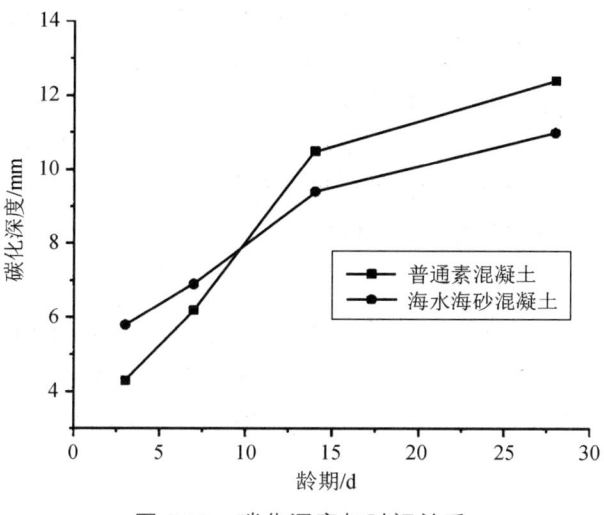

图 8.10　碳化深度与时间关系

优选海砂海水混凝土试块在碳化后 3、7、14、28 d 的混凝土抗压强度，见表 8-8。

表 8-8　碳化后海砂海水混凝土强度

碳化龄期/d	3	7	14	28
抗压强度/MPa	32.4	35.2	38.1	39.5

从表 8-8 可以看出，优选海砂海水混凝土的抗压强度随着碳化时间的增加在逐渐上升，推断混凝土由于碳化作用，使得混凝土结构更加密实。但由于本次试验是依照普通混凝土碳化试验的方法做试验的，由前期已知海砂海水混凝土需要的养护时间要比普通素混凝土久，在 28 d 后抗压强度还在提升，所以本次海砂海水混凝土碳化后抗压强度作出的结论可能不准确，对于海砂海水混凝土碳化试验的方法还需进一步研究。

8.3　环境对海水海砂混凝土内纤维复材筋性能的影响

8.3.1　试验方案

已有的 BFRP 筋的耐久性研究，集中于采用实验室加速强碱溶液来模拟混凝土内部环境。然而，由于 Cl^- 与 SO_4^{2-} 交互作用，模拟混凝土内的碱性溶液与真实混凝土实际内部环境有着一定差别，直接把 BFRP 筋置于碱性或者海水中可能会导致实验结果过于保守。对于 BFRP 筋在实际混凝土内部的长期性能还待研究。因此，本研究采用海水海砂混凝土包裹 BFRP 筋，研究 BFRP 筋在海水海砂混凝土内部的长期性能。采用室温、40 ℃、60 ℃ 的碱溶液，将海水和纯水进行对比。测定每个试件的拉伸强度和拉伸模量。此外，采用扫描电子显微镜（SEM）来研究 BFRP 筋的退化机理。

1. 原材料

本试验筋材直径 6 mm，拉伸强度、拉伸模量和断裂伸长率分别为 940.6 MPa、46 GPa、2.4%。海水海砂混凝土砂浆原材料分别为 42.5 级普通硅酸盐水泥，海水海砂混凝土配合比水泥：海砂：海水=768 kg/m³ : 2 080 kg/m³ : 460.8 kg/m³。

2. 浸泡环境

将试件分别浸泡于碱溶液、海水和纯水中。根据 ASTMD7705/D7705 M-12，制备碱溶液，在 1 L 去离子水中加入 118.5 g Ca(OH)$_2$、0.9 g NaOH、4.2 g KOH。溶液的温度环境分别为室温、40 ℃ 及 60 ℃。试件浸泡 15，30，90，180 d 后取出试样，将海水海砂混凝土包裹层敲碎，取出 BFRP 筋进行拉伸强度测试。

3. 加载设备与方式

BFRP 筋的拉伸试验根据相关规程进行，BFRP 筋的试件长度为 500 mm。试件两端用无缝钢管锚固黏结，无缝钢管长 130 mm，待黏结剂固化后进行拉伸试验，加载速率为 5 mm/min。

4. 扫描电子显微镜测试

为了解腐蚀溶液对 BFRP 筋内部纤维与树脂界面的影响，本研究对试件的拉伸断裂面进行了 SEM 分析。

8.3.2 结果与分析

1. 水环境对海水海砂混凝土内 BFRP 筋的拉伸性能的影响

在纯水中，浸泡 180 d 后 BFRP 裸筋、10 mm 包裹、20 mm 包裹 BFRP 筋的拉伸强度分别为 767.7，601.1，331.5 MPa，40 ℃ 浸泡环境下裸筋拉伸强度出现波动在误差范围内。由于尺寸较大混凝土的含碱量较高，所以在混凝土尺寸大的试样中，BFRP 筋的拉伸强度退化较多。在碱性环境下 BFRP 中的玄武岩纤维会发生降解，SiO₂ 在 OH⁻作用下发生断链，破坏 BFRP 筋的整体性，所以拉伸强度会发生较大幅度退化。在同一包裹厚度下，BFRP 筋的拉伸强度随浸泡温度的升高而降低，浸泡 180 d 后，10 mm 包裹厚度 BFRP 筋在室温、40 ℃、60 ℃ 的拉伸强度分别为 601.1，491.1，378.0 MPa。水分子导致树脂基体溶胀、破坏纤维与树脂基体界面导致 BFRP 筋性能下降。浸泡温度升高导致分子运动加剧，所以浸泡温度越高 BFRP 筋的拉伸强度退化越显著。

2. 碱环境对海水海砂混凝土内 BFRP 筋的拉伸

在碱溶液中，BFRP 筋拉伸强度迅速下降，10 mm 包裹 BFRP 筋的拉伸强度在 60 ℃ 环境浸泡 180 d 后，拉伸强度保留率仅为 23.5%，远低于相同条件下纯水中的拉伸强度保留率。在 60 ℃ 环境下的纯水、碱溶液浸泡 180 d 后，拉伸强度保留率分别仅为 40.2%、23.5%。

由图 8.11 的 SEM 图对比可知：碱溶液环境下浸泡 180 d 后纤维之间残留着极少的树脂基体，而在纯水环境下，虽然也出现了纤维之间的部分脱离，但仍有黏聚力，纤维基本保持在同一方向。通过 SEM 的对比，可知，碱溶液环境下 BFRP 筋拉伸强度迅速下降的原因是 OH⁻对树脂侵蚀、降解，破坏了树脂与纤维的界面黏结及腐蚀纤维。

研究了海砂砂浆内 BFRP 筋的耐久性，探讨了不同砂浆包裹厚度对 BFRP 筋长期性能的影响机制，基于试验结果得到以下结论：

（1）浸泡温度会加剧树脂基体及其与纤维界面黏结性能的退化，从而导致 BFRP 筋拉伸强度退化。

图 8.11　未经腐蚀 BFRP 筋拉伸断面表面形貌

（2）碱度对BFRP筋的拉伸强度具有较大影响，砂浆包裹厚度越大，BFRP筋的性能退化越显著。

8.4 海水海砂混凝土施工技术

综上所述，更全面地研究水和海砂对混凝土各方面性能的影响规律，总结出合理的应对措施，是更广泛使用海水和海砂资源的前提，是使海水海砂混凝土结构更安全服役的保障。为更好地实现海水海砂混凝土在海洋工程中安全应用，本章对以海砂和海水为原材料制备的混凝土及其性能研究的现有成果、海水海砂混凝土中氯离子与钢筋锈蚀的相关问题进行了总结和探讨，以便为海水海砂混凝土施工提供参考。

8.4.1 海水海砂的特性

1. 海 水

海水中含有多种化学物质，普遍认为对钢筋混凝土耐久性影响最显著的是Cl^-和SO_4^{2-}。海水的平均总盐度约为3.5%（质量分数），其中氯化钠含量最高，占78%（质量分数）左右。由于地域差异，海水化学成分含量有所不同。

由表8-9可得，海水中主要的腐蚀物质为氯盐和硫酸盐。其中，氯化钠掺到混凝土后会生成硅酸铝钠水合物，可以促进水泥水化，使水泥凝结时间加快，提高早期强度，而后期强度由于盐结晶压力增大有所下降。氯化镁与水泥水化形成的$Ca(OH)_2$反应生成氯化钙和$Mg(OH)_2$，可溶性氯化物的形成会导致初凝时间增加和早期强度降低，而$Mg(OH)_2$不溶于水，其形成并不增加体系的孔隙度和渗透率，而会造成混凝土强度的损失。氯化钙可以加速混凝土的凝结和硬化，导致混凝土早期强度提高，而氯铝酸盐水合物的形成则会降低后期强度。海水中的硫酸盐中主要是$MgSO_4$对混凝土起侵蚀作用，由于$MgSO_4$会与$Ca(OH)_2$反应，对混凝土造成硫酸盐侵蚀，且$MgSO_4$会形成难溶性的$Mg(OH)_2$并导致混凝土胶凝性能降低，从而造成混凝土强度的损失。

表8-9 中国主要港口海水化学成分

沿海城市（地区）	离子组成/(mg·L^{-1})				总盐/(mg·L^{-1})	酸碱值
	SO_4^{2-}	Mg^{2+}	Cl^-	Ca^{2+}		
蓬莱	2 167	1 093	15 775	384	28 503	8.4
大连	2 171	1 102	15 900	408	28 729	8.5

续表

沿海城市（地区）	离子组成/（mg·L^{-1}）				总盐/（mg·L^{-1}）	酸碱值
	SO_4^{2-}	Mg^{2+}	Cl^-	Ca^{2+}		
连云港	2 289	1 159	10 700	397	30 173	8.0
秦皇岛	2 372	1 174	17 339	378	31 330	7.9
青岛	2 400	1 445	16 000	—	29 040	8.0
烟台	2 463	1 050	15 450	437	28 620	7.0
天津	2 489	1 156	16 842	482	30 420	7.9
北仑	168	803	117 600	258	21 250	8.1

2. 海　砂

海水海砂混凝土时采用的海砂主要是淡化海砂、原状海砂和模拟海砂三类。海砂主要分布在沿海和海洋地区，其起源会影响其理化性质。河砂的表面粗糙没有光泽，而海砂表面光滑且有光泽。河砂和海砂两者的矿物组成相似，主要为石英和长石。而海砂与河砂在表面纹理上有所不同，海砂表面的纹理能够形成互锁并可能使得海砂浇筑混凝土的强度增加。海砂和河砂基本性质如表8-10所示，海砂细度模数小于河砂，表观密度和堆积密度与河砂相近，但氯盐和贝壳含量远高于河砂，这两者对混凝土性能的威胁极大。

表8-10　海水海砂基本性质

类型	细度模量	表观密度/（kg·m^{-3}）	堆积密度/（kg·m^{-3}）	壳含量（质量分数）/%	氯化物含量（质量分数）/%
河沙	2.66	2 610	1 510	<1.0	<0.001
海砂	2.24	2 660	1 470	2.31	0.057

8.4.2　海水和海砂混凝土中氯离子传输和结合

1. 机理分析

由于海砂中存在大量的Cl^-，在使用海砂制备混凝土时，必须考虑海砂中存在的大量Cl^-在混凝土中的扩散以及固化对混凝土带来的影响。氯离子主要以外渗（外部环境中的氯离子通过扩散、毛细管作用等方式进入混凝土内部）和内掺（混凝土原材料本身携入）两种方式进入混凝土内部。混凝土中的氯离子一部分被水泥水化产物结合（物理吸附和化学结合），成为对钢筋混凝土威胁较小的结合氯离子，剩下的均游离于混凝土孔隙液中，成为对钢筋混凝土极具威胁的自由氯离子。水泥相对氯离子化学结合与物理吸附的能力统称为混凝土的氯离子结合能力。内掺型氯离子主要与 C_3A 和 C_4AF 反应形成 Friedel's 盐；外渗型氯离子除了与未水化的 C_3A 和 C_4AF 反应生成 Friedel's 盐外，还会以离子交换的方式从 AF 相中置换阴离子形成 Friedel's 盐，主要反应下式所示。

$$C_3A+2NaCl+Ca(OH)_2+10H_2O \longrightarrow C_3A \cdot CaCl_2 \cdot 10H_2O+2NaOH$$

海水带入混凝土中的氯离子属于内掺型方式，而海砂中的氯离子则比内掺型更复杂。海砂附近凝胶中氯离子的含量与距海砂距离有关，由近及远不断降低，其原因是：海砂内部的氯离子在拌和过程中不完全溶解，只有少量的氯离子溶解于海砂与水泥浆的界面溶液中，剩下的氯离子在水泥终凝后才以海砂为中心逐渐向外部释放。通过电化学阻抗谱研究发现，在海砂砂浆的水化过程中，海砂中氯离子是持续释放的，其对水泥基材料水化进程的促进作用也是一个长期的过程。因此，海水海砂混凝土中氯离子传输方式的特点为：海砂中氯离子会逐渐从颗粒内部释放到附近的浆体和孔隙液中，海水中氯离子则相对均匀地分布在混凝土中。基于此，应寻找更有效地结合海水海砂混凝土中氯离子的方式，为钢筋混凝土结构提高安全保障。

2. 提高氯离子结合能力的措施

水泥相对氯离子化学结合与物理吸附的能力统称为混凝土的氯离子结合能力。因此，可以胶凝材料为主要切入点，探寻提高物理吸附和化学结合氯离子能力的途径。一方面，水泥的组成直接关系着混凝土的氯离子结合能力。① C_3A 和 C_4AF 含量：氯离子可与 C_3A 和 C_4AF 反应生成 Friedel's 盐及其类似物。C_3A 含量越高氯离子结合能力越强。因此，C_3A 和 C_4AF 在水泥中的含量会影响化学结合氯离子能力。② C_2S 和 C_3S 含量：区别于 C_3A 和 C_4S 对焦，C_2S 和 C_3S 的含量关系着物理吸附氯离子能力，起主导作用的是其水化产物 C-S-H 凝胶。C-S-H 凝胶吸附氯离子主要有 3 种形式：

（1）进入 C-S-H 凝胶化学吸附层。

（2）渗进 C-S-H 凝胶层间层。

（3）附于 C-S-H 凝胶晶格。

水泥中 C-S-H 凝胶含量越高，氯离子的物理结合率越高。因此，选取合适的水泥品种可以提高混凝土的氯离子结合能力。

另一方面，越来越多的辅助胶凝材料以其各自优异的理化性质被用于提升混凝土性能，尤其是在提高混凝土氯离子结合能力和抗氯离子渗透方面作用显著。在工程中应用较多的辅助胶凝材料有粉煤灰、矿粉和硅灰等，近年来偏高岭土、煤矸石、石灰石等新材料也越来越受欢迎。各种辅助胶凝材料对氯离子结合能力的影响方式不同。

（1）粉煤灰：粉煤灰结构呈空心球状，内比表面积大，物理吸附氯离子能力较强。另外，其 Al_2O_3 含量丰富，有利于 Friedel′s 盐的生成，可以提高混凝土的化学结合能力。

（2）矿粉：矿粉结构不同于粉煤灰，内比表面积较粉煤灰小，因此，其物理吸附氯离子能力低于粉煤灰，但其 Al_2O_3 含量比粉煤灰高，化学结合氯离子能力更强。

（3）硅灰：硅灰成分中 SiO_2 含量极高，而 Al_2O_3 质量分数不到 1%。掺加硅灰会显著降低氯离子的结合能力。其原因有三：① 由于 Al_2O_3 含量极低，C_3A 含量随硅灰掺量增加而减少，导致化学结合能力下降；② 虽然大量的 SiO_2 与 $Ca(OH)_2$ 反应增加了 C-S-H 凝胶的含量，但钙硅比的降低导致 C-S-H 凝胶表面带负电荷，降低了物理结合能力；③ 硅灰诱导的火山灰反应消耗了 $Ca(OH)_2$，使孔溶液 pH 值降低，进而影响 Friedel′s 盐的稳定性。

（4）偏高岭土：偏高岭土的主要成分是 Al_2O_3 和 SiO_2，并且其 Al_2O_3 含量在这些辅助胶凝材料中最高，火山灰活性较强。除了其填充作用外，还可促进 Friedel′s 盐的形成，可以显著提高海水混凝土氯离子结合能力。

（5）煤矸石：煤矸石是我国产量最大的工业固体废弃物之一，Al_2O_3 含量高，其结晶矿物相在高温下分解为 SiO_2 和 Al_2O_3，具有较强的火山灰活性。煤矸石可以提高氯离子结合能力，最佳含量为 20%～30%（质量分数）。

综上所述，提高氯离子结合能力主要有两个方向：① 通过提高胶凝材料的 Al_2O_3、C_3A、C_4AF 含量来促进 Friedel′s 盐的生成，进而提高化学结合氯离子能力，具体的途径主要包括使用高铝水泥、高强水泥及添加高 Al_2O_3 含量的辅助胶凝材料（偏高岭土、矿粉、煤矸石等）；② 通过提高 C-S-H 凝胶含量或掺加比表面积较大的辅助胶凝材料来提高物理吸附氯离子能力。

8.4.3 海水海砂混凝土中的钢筋锈蚀机理与阻锈措施

1. 锈蚀机理

当自由氯离子浓度（C_f）在钢筋表面的孔隙液中累积到临界氯离子浓度（$C_{铬}$）时钢筋开始被腐蚀，主要反应如图 8.12 所示，其对钢筋的锈蚀机理主要分为以下几个方面：① 破坏钝化膜；② 形成"腐蚀电池"；③ 阳极去极化作用；④ 导电作用。

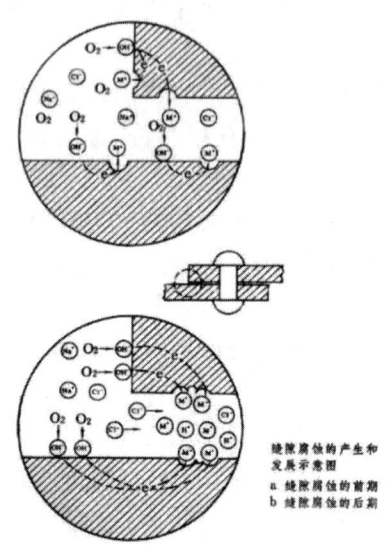

图 8.12　氯化物腐蚀示意图

由上节可知，海水海砂携带的氯离子不同于传统的外渗型和内掺型，其对钢筋的影响也与传统侵蚀方式不同。海水中的氯离子在混凝土拌和时会均匀分布在混凝土中，属于内掺型氯离子，而海砂中的氯离子在混凝土拌和时，只有少量溶解于海砂与水泥浆的界面溶液中，剩下的氯离子在水泥终凝后才以海砂为中心逐渐向外部释放。海水侵蚀对钢筋锈蚀的长期影响大于 NaCl 溶液；另外，外界环境侵入的氯离子仍是引起钢筋锈蚀的主要原因，而非海砂中的氯离子。同时海砂混凝土中的钢筋一般不会很快发生严重锈蚀，而要经过长期的内部迁移，氯离子在钢筋表面富集，才会引发锈蚀。相同氯盐引入量的情况下，海砂型氯离子比内掺型氯离子对钢筋的危害小。钢筋锈蚀是 Fe、H_2O、O_2、Cl 共同反应的过程，而混凝土内部没有充足氧气进入，所以海水海砂导致的钢筋锈蚀是厌氧性腐蚀，其锈蚀产物与传统钢筋锈蚀也有差异。通过试验发现海水海砂混凝土中钢筋内锈层含有大量的过渡产物，包括纤铁矿（γ-FeOOH）与针铁矿的混合物（α-FeOOH）。海水海砂混凝土中钢筋表面的氯离子不到 30 d 便达到临界腐蚀浓度，其失重速率和腐蚀速率随时间稳定发展，钢筋腐蚀坑多为形状较宽浅的椭圆形，随着海砂掺量和水灰比的增加，海砂混凝土中腐蚀性钢的失重率增大。其中海砂混凝土中氯离子浓度越高，钢筋的腐蚀程度越严重。但存在临界氯离子浓度，超过该浓度后，氯离子对钢筋钝化膜的破坏能力减弱。

综上所述，海水海砂混凝土中钢筋锈蚀机理不同于传统钢筋混凝土结构，由于其内部本身氯离子含量较高，钢筋在很短的时间就会锈蚀，但腐蚀存在临界点，超过临界点后腐蚀程度便不再大幅度增长。混凝土中钢筋发生锈蚀必备条件有3个：

（1）钢筋表面存在电位差而构成腐蚀电池。

（2）钢筋钝化膜被破坏而处于活化状态。

（3）有反应发生所需的水和溶解氧。因此，如果能阻止这三个条件发生，就能有效保护海水海砂混凝土中钢筋，提高海水海砂混凝土的耐久性。

2. 除锈措施

针对海水海砂混凝土中钢筋锈蚀与阻锈措施多集中于研制新型的复合缓蚀剂。缓蚀剂的作用机理是通过化学缓冲来提高氯化物阈值或在腐蚀开始后降低腐蚀速率。试验表明，复合缓蚀剂（三乙醇胺、二甲乙醇胺、三乙氧基硅烷、硝酸锂）可有效提高海水海砂混凝土的耐蚀性能，在420 d 内钢筋完全不被腐蚀。同时，复掺20%（质量分数）偏高岭土和1.5%（质量分数）三乙醇胺可以显著提高海水海砂混凝土的护筋性。

综上所述，针对海水海砂混凝土中钢筋的锈蚀问题：首先，从降低外部氧气向混凝土内部传输角度出发，可通过优化配合比、掺加辅助胶凝材料等措施制备高密实、低渗透的混凝土；其次，提高氯离子结合能力以降低混凝土中自由氯离子含量，可降低钢筋锈蚀的风险；最后，从筋材自身的角度，研制缓蚀效果更好的复合缓蚀剂或采用不受氯盐腐蚀的纤维增强复合筋（FRP 筋）取代钢筋，可避免发生钢筋锈蚀。

8.4.4　海水海砂混凝土施工措施

1. 海水海砂淡化

海砂中的氯化钠含量占了约氯盐总量的75%。而海砂的淡化指的就是在通过一系列的物理和化学措施，使海砂中的 Cl^- 含量降低到标准浓度之下。2004年8月份，国家建设部就出台了一个《关于严格建筑用海砂管理的意见》，其中提到海砂要在钢筋混凝土中使用必须经过淡化处理，且 Cl^- 含量不得超过混凝土重量的 0.06%。如果以 1 000 kg 的混凝土为例，那么 Cl^- 含量不能高于 0.6 kg。

目前，工业上海砂的淡化方法主要有两种：海砂自然放置法和淡水冲洗法。海砂自然放置法是指将海砂堆积，自然放置一段时间使其Cl⁻浓度降低的一种方法。该方法所需的时间长，只适用时间较久及有较大空余场地的工程。淡水冲洗法是指用大量的淡水冲洗海砂，以降低其Cl⁻含量的方法。与自然放置法相比，淡水冲洗法所需时间短，效率较高，但会造成淡水资源的大量浪费，并提高工程造价。使用两级双隔膜电渗析和隔膜电解相配合的方法，制备了pH较高的淡化海水，并用该方法制得的淡化海水冲洗海砂，显著降低了海砂混凝土液相中Cl⁻/OH⁻的比值，从而抑制了Cl⁻侵蚀。在此基础上，采用电化学法研究海砂混凝土与淡化海砂混凝土的钢筋锈蚀规律，结果表明在强度等级相同的情况下，淡化海砂混凝土的钢筋锈蚀速度比海砂混凝土体系显著降低。并且还对淡化海砂进行了毛细吸收和氯离子迁移（RCM）试验，如图8.13所示，淡化海砂混凝土的氯离子扩散速度已十分接近河砂混凝土。

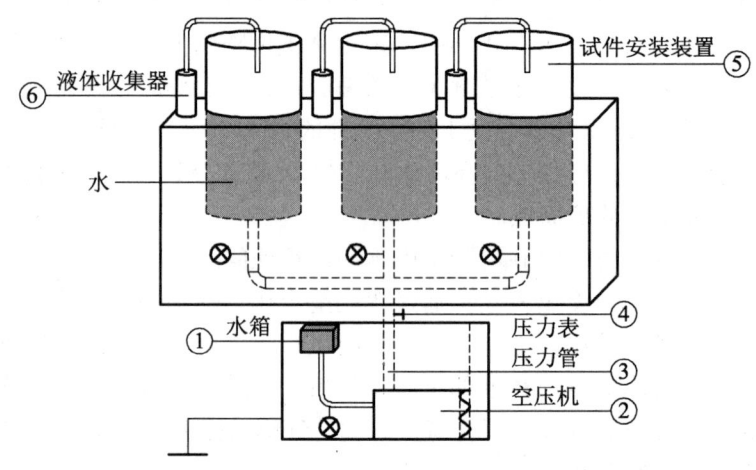

图8.13 离子在砂浆中的迁移测试示意图

2. 掺加阻锈剂

钢筋阻锈剂，是通过抑制或减弱海砂中氯盐对钢筋的侵蚀作用，从而阻止或减缓钢筋锈蚀的外加剂，可以有效延长混凝土建筑物的使用寿命。

将偏高岭土阻锈剂和三乙醇胺阻锈剂进行复掺，复掺型阻锈剂能显著提升海水海砂混凝土的护筋性，钢筋极化电位与淡水标准砂配置的普通混凝土十分接近。同样使用X射线光电子能谱研究阻锈剂对钢筋的保护机理能使混凝土孔溶液中的电荷转移电阻在掺加阻锈剂之后显著提高，表面裸露零价铁的含量也明显降低，从而减轻了 Cl⁻ 对钢筋钝化膜的损坏。同时掺加阻锈剂还在一定程度上延缓了水泥的水化，提高了混凝土密实程度，增加了钢筋及其钝化膜的稳定性。在 X 射线衍射研究掺入硅灰、磨细矿渣和偏高岭土的混凝土在二元和三元组合中水泥的抗海水侵蚀性，海水海砂混凝土表层和核心处 Cl⁻ 浓度均已接近河砂钢筋混凝土。

3. 使用 FRP 筋替换钢筋

减少氯盐对钢筋的腐蚀作用，除了降低氯盐含量和掺加阻锈剂外，还可以对钢筋表面进行处理，增加钢筋表面涂层，避免钢筋与 Cl⁻ 的直接接触，但是该方法效果并不明显。使用纤维增强复合材料（简称 FRP）代替钢筋制备混凝土是一种全新的思路与方法，也是最有效的技术之一。使用 FRP 制备的混凝土称为 FRP 筋混凝土。FRP 复合材料是非金属材料，是一种通过以一定比例混合纤维材料和基质材料而形成的高性能材料，具有轻质、坚硬、不导电、机械强度高、耐腐蚀等优良的性质，故而可以代替钢筋制备混凝土，也能抵制 Cl⁻ 的化学侵蚀作用。

随着我国的基础设施建设的飞速发展，河砂日益短缺，部分地区已经出现了过度开采河砂而导致的生态破坏和环境污染问题。如何正确合理地使用海砂，是对当前河砂短缺形势的考验。

采用海砂作为原材料制备的混凝土，其力学性能与耐久性与河砂混凝土相比，均无显著差异；但在钢筋混凝土中，海砂中大量 Cl⁻ 的存在会破坏钢筋的钝化膜，并发生严重的锈蚀，危害建筑物的耐久性和安全。使用海砂，应严格遵守海砂使用规范，进行海砂的淡化或者使用 FRP 材料代替钢筋，做到不滥用、不偷用海砂，可以最大限度地减少海砂对钢筋混凝土的不利影响。

参考文献

[1] 赵佳军,黄志福.高速公路沥青路面病害处治[J].华东公路,2000(4):5-9.

[2] 何光兵.高速公路沥青路面预防性养护研究[D].西安:长安大学,2012.

[3] 张荣健.高速公路沥青混凝土路面病害处理及养护技术[J].交通世界,2020(15):18-19.

[4] 陈申广.高速公路沥青路面常用预防性养护方法[J].人民交通,2020(5):71-72.

[5] OLARD F, BENEDETTO H DI. General "2S2P1d" model and relation between the linear viscoelastic behaviors of bituminous binders and mixes. ROAD MATER PAVEMENT,2003(4):185-224.

[6] WANG J, KROPFF M J, LAMMERT B, et al. Using CA model to obtain insight into mechanism of plant population spread in a controllable system: annual weeds as an example. ECOL MODEL,2003(166):277-286.

[7] DA SILVA L S, DE CAMARGO FORTE M M, DE ALENCASTRO VIGNOL L, et al. Study of rheological properties of pure and polymer-modified Brazilian asphalt binders. J MATER SCI,2004(39):539-546.

[8] DONNELL M O, JAYNES E T, MILLER J G. Kramers–Kronig relationship between ultrasonic attenuation and phase velocity. The Journal of the Acoustical Society of America,1981(69):696-701.

[9] AIREY G D. Rheological evaluation of ethylene vinyl acetate polymer modified bitumens. Construction & Building Materials,2002(16):473-487.

[10] 韩静.沥青路面预防性养护材料的开发及技术性能研究[D].西安:长安大学,2012.

[11] D'ANGELO J, KLUTTZ R, DONGRE R, et al. Revision of the Superpave High Temperature Binder Specification: The Multiple Stress Creep Recovery Test. Journal of the Association of Asphalt Paving Technologists, 2007 (76): 123-162.

[12] YUSOFF N I M, JAKARNI F M, NGUYEN V H, et al. Modelling the rheological properties of bituminous binders using mathematical equations. CONSTR BUILD MATER, 2013 (40): 174-188.

[13] ASGHARZADEH S M, TABATABAEE N, NADERI K, et al. An empirical model for modified bituminous binder master curves. MATER STRUCT, 2013 (46): 1459-1471.

[14] DOYLE J D, HOWARD I L. Characterization of dense-graded asphalt with the Cantabro test. J TEST EVAL, 2014 (44): 77-88.

[15] ARRIETA V S, MAQUILÓN J E C. Resistance to degradation or cohesion loss in Cantabro test on specimens of porous asphalt friction courses. Procedia-Social and Behavioral Sciences, 2014 (162): 290-299.

[16] JIANG J, NI F, WU F, et al. Evaluation of the healing potential of asphalt mixtures based on a modified semi-circular bending test. CONSTR BUILD MATER, 2019 (196): 284-294.

[17] CHARMOT S, DONG W, XU X. Feasibility of Cold Recycled Asphalt Mixture Design Optimization on the Basis of Fracture Properties Using the Semi Circular Bending (SCB) at Intermediate Temperature, 2017.

[18] ZHU C. Evaluation of thermal oxidative aging effect on the rheological performance of modified asphalt binders, 2015.

[19] 姚玉玲, 任勇, 陈拴发. 沥青路面的预防性养护时机[J]. 长安大学学报(自然科学版), 2006, 26 (6): 34-38.

[20] 王海龙. 雾封层技术在公路路面养护中的应用[J]. 黑龙江交通科技, 2020, 43 (5): 32-33.

[21] 刘先淼, 李向阳. 沥青路面雾封层技术及其质量控制[J]. 广东化工, 2008, 35 (8): 55-58.

[22] 张朝山. 雾封层技术在高速公路预防性养护中的应用[J]. 筑路机械与施工

机械化，2010，27（7）：54-56.

[23] 梁仲昌，康佳. 含砂雾封层与传统雾封层的区别浅析[J]. 科技创新与应用，2012（20）：106-106.

[24] 陈荣生，季天剑，窦有年，等. ERA-C 在沪宁高速公路上的应用研究[J]. 华东公路，2000（6）：56-58.

[25] 王斌. 沥青雾封层技术在路面养护中的应用[J]. 交通世界，2020（11）：52-53.

[26] 张静，宁爱民，陈保莲. 含砂雾封层乳化沥青的开发及应用研究[J]. 石油沥青，2018，32（1）：57-60.

[27] 徐少华，冷宇涵，封磊，等. 改性乳化沥青技术在公路养护方面的应用[J]. 江苏建材，2020（3）：26-28.

[28] 郑婉，程培峰. 沥青路面预防性养护评价决策[J]. 低温建筑技术，2014，36（2）：141-142.

[29] 侯睿，李海军，黄晓明. 高等级路面老化沥青混合料热再生分析[J]. 中外公路，2005，25（4）：155-159.

[30] FALGE H J, OTTO A, SOHLER W. Dispersion of Surface and Bulk Phonon-Polaritons on α-Quartz Measured by Attenuated Total Reflection. Physica Status Solidi，1974（63）：259-269.

[31] 郑婉，程培峰. 沥青路面预防性养护评价决策[J]. 低温建筑技术，2014，36（2）：141-142.

[32] 王利利. 路面抗滑性能变化特性研究[D]. 北京：北京工业大学，2008.

[33] 汪成夫，杨斌，粟多品，等. 雾封层设计与施工[J]. 公路交通技术，2007（3）：36-38.

[34] 缠艳萍. 高寒区耐紫外老化雾封层道面养护材料及技术研究[D]. 西安：长安大学，2012.

[35] 蒋志军. 雾封层技术在沥青路面预养护中应用研究[D]. 重庆：重庆交通大学，2008.

[36] 韩静. 沥青路面预防性养护材料的开发及技术性能研究[D]. 西安：长安大学，2012.

[37] 罗正斌. 沥青用SBS胶乳的制备及其在微表处中的应用[D]. 西安：长安大

学，2019.

[38] 张争奇，陶晶. 微表处技术在高速公路沥青路面养护中的应用[J]. 中外公路，2006（3）：90-93.

[39] 李涛. 稀浆封层技术在高速公路路面下封层中的应用研究[J]. 黑龙江交通科技，2020，43（4）：67-68.

[40] ROBED BENEDICT C. Optimization of Performance Slurry Seal and Microasphalt Systems. 28th annual conference，1990.

[41] ENGMAN M，JAMES A，NEEDHAM D，et al. Specifying Slurry Surfacing Emulsion Quality：Particle Size and Size Distribution. 28th annual conference，2000.

[42] GIEBEL P E，FAISON S. Voids and Aggregate Gradations in Micro-surfacing Mixtures. 31 th annual conference，1993.

[43] GALEHOUSE L. Flexible Micro-Surfacing for Preventive Maintenance Projects. 37th annual conference，1999.

[44] DEL CAMPO F. Applications with Spanish and French Microsurfacing Technics. 28th annual conference，1990.

[45] 赵永飞，张存信. 彩色乳化沥青微表处技术的研究与应用[J]. 新材料产业，2016（3）：46-49.

[46] 徐剑. 沥青路面微表处养护技术研究[D]. 南京：东南大学，2002.

[47] 曹中杰. 改性乳化沥青及混合料路用性能研究[D]. 天津：河北工业大学，2001.

[48] 虎增福. 对我国微表处技术推广应用中一些问题的思考. 石油沥青，2004.

[49] 安庭，虎徐伟. 碎石封石的分类与适用性[J]. 山西建筑，2008：295-296.

[50] 祖熙宇，王琦，杨宏健. 同步碎石封层技术的研究与应用[J]. 北方交通，2008：41-43.

[51] 郑云青. 同步碎石封层在沥青路面预养护中的应用[J]. 山西建筑，2009：245-247.

[52] SHINER S. Chip seals for high traffic pavements. Transportation Research Record，1990：2424.

[53] GRANSBERG D D，ZAMAN M. Analysis of Emulsion and Hot Asphalt

Cement Chip Seal. Journal of Transportation Engineering, 2005: 299-238.

[54] ELMORE W E, SOLAIMANIAN M, MCGENNIS R B, et al. Performance-Based seal coat specifications. CTR Research Rep, 1995.

[55] 黄宇强. 超薄水泥罩面（UTW）层间黏结性能试验研究[D]. 哈尔滨：哈尔滨工业大学，2009：410.

[56] KRUNTCHEVA M R, COLLOP A C, THOM N H. Feasibility of Assessing Bond Condition of Asphalt Concrete Layers with Dynamic Nondestructive Testing. Journal Of Materials In Civil Engineering, ASCE, 2004: 510-518.

[57] KRUNTCHEVA M R, COLLOP A C, THOM N H. Effect of Bond Condition on Flexible Pavement Performance. Journal Of Materials In Civil Engineering, ASCE, 2005: 880-888.

[58] 犯苏凯，武建民，戴经梁，等. 沥青混凝土路面基面层间结合材料的研究[J]. 公路，2005：161-164.

[59] 宋宪辉. 沥青路面基层与面层间连接状态评价方法及指标研究[D]. 哈尔滨：哈尔滨工业大学，2008：110.

[60] 杜隽. 纤维封层应用技术研究[D]. 大连：大连理工大学，2009：5.

[61] 顾海荣. 同步碎石封层设备关键技术研究[D]. 西安：长安大学，2008：1516.

[62] 王建国. 法国纤维封层技术与应用[J]. 交通世界（建养，机械），2008：166.

[63] RAHMAN M N, SARKAR M T A, ELSEIFI M A, et al. Effects of emulsion types, application rates, and crumb rubber on the laboratory performance of chip seal[J]. Construction and Building Materials, 2020: 260.

[64] 韩旭. 沥青路面预防性养护技术应用研究[J]. 交通世界，2020（15）：42-43.

[65] 冯彦博. SBS改性沥青同步碎石封层技术[J]. 交通世界，2020（11）：30-31.

[66] 陈新华. 预防性养护技术在公路养护中的运用[J]. 建材与装饰，2020（10）：280-281.

[67] 韩旭. 沥青路面预防性养护技术应用研究[J]. 交通世界，2020（15）：42-43.

[68] 陈贱. 薄层罩面养护技术在高速公路沥青路面中的应用[J]. 科技与创新，2020（8）：102-103，105.

[69] 张京锋，梁豪，陈功，等. 橡胶沥青在薄层罩面中的应用研究[J]. 市政技术，2020，38（2）：17-20.

[70] 贺陶安，陈宇亮，刘旭，等. 薄层罩面专用改性乳化沥青最佳洒布量研究[J]. 湖南交通科技，2019，45（3）：28-30，130.

[71] 刘珂. 高速公路沥青路面薄层罩面养护技术与施工方法[J]. 黑龙江交通科技，2019，42（6）：87，89.

[72] 王新秋. 沥青路面薄层罩面养护技术与施工方法分析[J]. 黑龙江交通科技，2019，42（4）：246-247.

[73] 刘潇. 高速公路沥青路面薄层罩面养护技术与施工方法[J]. 建材与装饰，2017（49）：253.

[74] 王淑元. SMA-13薄层罩面在宜水高速公路预防性养护中的应用探讨[J]. 广东建材，2017，33（10）：64-66.

[75] 李文桥. 高速公路沥青路面薄层罩面养护施工技术探究[J]. 新经济，2016（32）：127-128.

[76] 吴云. 高速公路沥青路面预防性养护技术研究[J]. 中国水运（下半月），2016，16（7）：212-214，314.

[77] 肖体育，肖伟，唐志伦，等. 橡胶沥青在薄层罩面结构组合中的应用[J]. 西南公路，2009（3）：2-8.

[78] 苏新国. 浅谈橡胶沥青薄层罩面技术[J]. 公路交通科技（应用技术版），2009，5（5）：66-67.

[79] 卞海洋. 橡胶沥青OGFC薄层罩面设计与施工[J]. 现代交通技术,2008(5)：21-23.

[80] 梁亚军，许志鸿. 高黏度改性沥青的性能评价[J]. 石油沥青，2010，24(5)：20-22.

[81] 李立寒，耿韩，孙艳娜，等. 高黏度沥青性能评价指标与标准的试验[J]. 同济大学学报（自然科学版），2010，38（8）：1155-1160.

[82] 任海洋. 高黏薄层沥青混合料路用性能试验研究[D]. 西安：长安大学，2011.

[83] 许德录. 高速公路沥青路面薄层罩面养护技术与施工方法[J]. 交通世界（建养，机械），2008（7）：158-160.

[84] 陈博. 沥青路面超薄罩面关键技术研究[D]. 西安：长安大学，2011.

[85] 赵碧琴. Novachip 超薄磨耗层在路面养护中的应用[J]，2008，30（7）：

119-120.

[86] MANDAL T, YIN H, JI R. Evaluating the effect of overlay thickness in thermally induced reflective cracking for airport pavements through full-scale and laboratory testing[J]. International Journal of Pavement Research and Technology, 2020, 13 (1).

[87] JIA Y S, DAI X W, WANG S Q, et al. Evaluation of long-term effectiveness of preventive maintenance treatments using LTPP SPS-3 experiment data[J]. Construction and Building Materials, 2020, 247.

[88] 杨有辉. 不同薄层罩面沥青混合料的试验及应用研究[J]. 北方交通, 2020 (6): 21-25.

[89] 万长明, 徐志祥. 高速公路易密实薄层罩面实施效果评价及应用经验总结[J]. 福建交通科技, 2020 (3): 15-18.

[90] HAN J, PARK S, KIM J W. Dynamic Over Cloud: Realizing Microservices-Based IoT-Cloud Service Composition over Multiple Clouds[J]. Electronics, 2020, 9 (6).

[91] 陈赅. 薄层罩面养护技术在高速公路沥青路面中的应用[J]. 科技与创新, 2020 (8): 102-103, 105.

[92] 石海峰. 同步薄层罩面在沥青路面预防性养护中的应用[J]. 黑龙江交通科技, 2020, 43 (3): 33, 35.

[93] 侯芸, 洪海, 闫旭亮. 同步薄层罩面技术在长大隧道路面中的应用[J]. 内蒙古公路与运输, 2020 (1): 47-49.

[94] 张正亮. ECA-10 薄层罩面在界阜蚌高速公路养护中的应用[C]. 中国公路学会养护与管理分会, 2020: 105-113.

[95] ALI G S A, AHMED T, ANACLET T. Effect of surface preparation of substrate on bond tensile strength of thin bonded cement-based overlays[J]. International Journal of Pavement Research and Technology, 2020, 13 (2).

[96] RUSSELL M A, PIERCE L M, UHLMEYER J S, et al. Nova Chip®[R], 2008.

[97] 路凯冀, 宋世海, 李小东. 国内外 Novachip 技术应用现状[J], 2006, 26 (3): 94-97.

[98] 王晓平. 公路养护维修工程中SMC常温改性沥青混凝土的应用研究[J]. 中国标准化，2019（24）：146-147.

[99] 曹学飞. 浅谈SMC与SBS复合改性沥青混合料常温薄层罩面预防性养护技术推广和应用[J]. 科技视界，2019（2）：194-196.